中国互联网金融安全发展报告 2017

——监管科技：逻辑、应用与路径

中国互联网金融安全课题组　编

北京市金融工作局、南湖互联网金融学院、
北京互联网金融安全示范产业园
联合策划

中国金融出版社

责任编辑：刘　钊
责任校对：潘　洁
责任印制：丁淮宾

图书在版编目（CIP）数据

中国互联网金融安全发展报告 2017——监管科技：逻辑、应用与路径（Zhongguo Hulianwang Jinrong Anquan Fazhan Baogao）/中国互联网金融安全课题组编．—北京：中国金融出版社，2018.1

ISBN 978-7-5049-9379-3

Ⅰ.①中…　Ⅱ.①中…　Ⅲ.①互联网络—应用—金融风险—安全管理—研究报告—中国—2017　Ⅳ.①F832.1

中国版本图书馆 CIP 数据核字（2017）第 318519 号

出版发行　中国金融出版社

社址　北京市丰台区益泽路 2 号

市场开发部　(010)63266347，63805472，63439533（传真）

网上书店　http://www.chinafph.com

(010)63286832，63365686（传真）

读者服务部　(010)66070833，62568380

邮编　100071

经销　新华书店

印刷　保利达印务有限公司

尺寸　169 毫米×239 毫米

印张　12.25

字数　174 千

版次　2018 年 1 月第 1 版

印次　2018 年 1 月第 1 次印刷

定价　48.00 元

ISBN 978-7-5049-9379-3

如出现印装错误本社负责调换　联系电话(010)63263947

编委会

序　　言

技术驱动金融，金融服务需求，金融生态已经发生了深刻改变。现代信息技术催生出的 BASIC（BASIC = BlockChain + AI + Security + IOT + Cloud）已经成为金融业的底层物质技术结构。以区块链技术、人工智能技术、信息安全技术、物联网技术、云计算技术为代表的新一代信息技术，已经并正在改变整个金融业的格局。这些技术已经在传统金融和新金融领域得到广泛应用，大大促进了传统金融与新金融的融合发展。与之相伴的是，金融监管正在由人力监管大幅度转向监管科技（RegTech），实现金融监管的实时化、信息化和全景化。金融创新 + 金融科技 + 监管科技 = 金融生态，即金融创新、金融科技、监管科技共同构成了金融生态，满足服务实体经济、防控金融风险、深化金融改革的三大任务。

在现代信息技术广泛而深入应用之前，受制于数据不共享、人工成本高、自学习能力不足和信息不对称等因素的影响，金融监管具有滞后性。不能与金融场景、金融业务、金融风险同步运行的金融监管已经很难对正在发生的金融风险尤其是潜在金融风险，无论是“黑天鹅”还是“灰犀牛”，采取及时且有效的监管措施，致使金融风险累积、金融案件频发，这对监管科技提出了更高的要求。

监管科技作为基于大数据、人工智能、云计算、区块链和安全技术的现代金融监管手段，在金融业务、金融服务与风险控制过程中，实施同步监管，从而提升监管部门对金融风险的甄别、管控和处置能力，让金融监管发挥更大的效力。现代信息系统可以及时监测金融市场与企业的动态大数据，有效降低信息收集和处理的监管成本。多渠道的信息数据来源可以降低监管面对的信息不对称难题，而通过机器学习可以构建智能监管系统。区块链技术正逐步成为金融业的关键底层基础设施，将重构金融业赖以生存的社会信用基础。

监管科技已开始广泛应用在金融监管活动当中。以对非法集资行为的监管为例，在互联网时代，不法分子利用网络的虚拟性、广泛传播性等特点，通过承诺高收益来吸引广大投资者。近年来由于经济形势下行，非法集资案件频发，对金融秩序和居民的合法权益造成巨大侵害。北京市已建成非法集资监测预警平台，正在积极构建全息大数据可视化金融监管平台。平台利用互联网收集信息，运用大数据挖掘、云计算技术，实现对疑似非法集资企业计算标定金融风险度的“冒烟指数”，对不同风险等级企业的不同处置和协同处置，使监管部门可以及早监测预警到非法集资行为。

监管科技在金融监管合规领域具有广泛的前景和优势，《中国互联网金融安全发展报告 2017——监管科技：逻辑、应用与路径》一书对监管科技进行了全面系统的梳理，有助于监管科技从业者理清监管科技的发展思路，把握监管科技的前景，精准布局监管科技领域的创业和投资。本书分析了我国监管科技面临的挑战，提出了我国发展监管科技的政策建议，具有很强的现实意义。

北京市金融工作局党委书记、局长

目　　录

第一章 导 论

科技大潮正席卷整个金融业。大数据、云计算、人工智能、区块链和加密技术等创新技术通过优化金融业务流程、降低交易成本、减少信息不对称、拓展交易可能性集合、升级金融基础设施，进一步推动金融业朝精细化方向发展，并在一定程度上缓解了中小企业融资难、融资贵问题，助力普惠金融提质增效。然而，创新与风险永远是相伴相生的。金融创新在带来巨大机遇之际，很可能也会打开金融风险这一“潘多拉魔盒”。

自 2008 年国际金融危机以来，全球金融环境不断变化，监管复杂性日益提升。国际清算银行（BIS）、金融稳定理事会（FSB）和巴塞尔银行监管委员会（BCBS）等国际金融监管机构对行业的监管日益趋严，各国政府也出台了多项监管政策以防范金融风险，对于金融机构的违规行为更是处以重罚。根据 IBM 发布的统计报告，仅 2015 年全球范围内就新出台了 2 万多份监管文件，预计到 2020 年，全球仅银行领域的监管文件累计就将达到 3 亿多页①。监管政策的日益复杂使监管部门的预算支出不断增加，监管任务日益繁重。与此同时，金融机构需付出高昂的成本以应对合规风险。CB Insights 发布的《全球监管科技发展趋势报告》（*The State of RegTech*）2017 年第三季度报告显示，自 2008 年国际金融危机以来，仅银行支付的罚金就已高达 3210 亿美元。2013 年，全美前六大银行的合规成本高达 700 亿美元。2016 年，仅美国证监会就执行了 868 次处罚，罚金高达 40 亿美元。此外，一旦不合规事件发生，金融机构不仅面临高额罚款，其企业形象也会大受影响。

以上种种，均可见传统的金融监管能力以及合规能力已远不能满足新形势的发展。金融体系亟须一套高效能、低成本的监管模式。金融机构则

① 详细资料可参考 http：//www－03. ibm. com/press/us/en/pressrelease/50599. wss。

更需要寻找高效便捷的合规方法。在这样的背景下，将新技术应用于金融监管领域，形成监管科技（RegTech），成为解决上述问题的新思路，并已引发世界范围内的广泛关注。CB Insights 发布的《全球监管科技发展趋势报告》（*The State of RegTech*）2017 年第三季度报告显示，2017 年初至 2017 年 9 月 20 日，全球监管科技领域融资额达 8.94 亿美元，涉及 103 宗交易。依据当下的发展速度，该报告预计 2017 年全年全球的监管科技融资额将达到 13 亿美元，涉及 148 宗交易。

英国、美国、澳大利亚等多国政府也纷纷引入监管科技来实现监管职能。2015 年底，英国首次从政府层面上提出“监管科技”概念。之后，在 2017 年 4 月英国金融行为监管局（FCA）发布的《2017～2018 年商业计划》（*Business Plan* 2017/18），以及同月英国财政部发布的《监管创新计划》（*Regulatory Innovation Plan*）中，均提出要大力开发和运用监管科技并对未来两年英国监管科技的发展进行布局。美国作为金融创新的领先国家，在支持监管科技的发展方面也不甘落后。美国的货币监理署（OCC）、商品期货交易委员会（CFTC）、消费者金融保护局（CFPB）、金融业监管局（FINRA）等金融监管部门均不同程度地鼓励监管科技发展并制定相应措施。澳大利亚证券和投资委员会（ASIC）于 2016 年专设监管科技部门，从政府层面上表示对监管科技的大力支持，并对其制定明确的阶段性发展目标。

中国政府和企业一直以来也都十分关注金融创新与金融监管。中国人民银行于 2017 年 5 月 15 日成立了金融科技委员会，并提出“要强化监管科技，积极利用大数据、人工智能、云计算等技术丰富金融监管手段，提升跨行业、跨市场交叉性金融风险的甄别、防范和化解能力”。

2017 年 6 月，中国人民银行印发《中国金融业信息技术“十三五”发展规划》。其中指出，在“十二五”期间，监管科技作为中国金融业信息技术的重点工作之一，取得了丰硕成果。中国已“升级和上线反洗钱监测分析系统、反洗钱监管档案系统、资本市场中央监管信息平台、统计信息系统等重要系统，着力推动监管数据的统一收集、整理和应用，初步构建了涵盖反洗钱、银行业务、资本市场、保险业务的监管体系，有效提高了金融监管效能”。但是，中国现阶段的监管科技水平尚不能满足金融治理体系和治理能力现代化的需求。因此，在“十三五”规划中依旧将监管科技作为重点任务之一进行全力推进，要求深入研究云计算、应用程序编程接口（API）、分布式账本技术（DLT）、密码技术、大数据、人工智能等新技术和新工具，并将其应用于金融监管。同时，还要健全与监管科技发展相匹配的金融监管体系。

为顺应全球金融监管创新的浪潮，响应中国政府对金融业信息技术重点工作的号召，本书应运而生。本书共分为八个章节，分别是第一章“导论”、第二章“监管科技概述”、第三章“监管科技的经济学分析”、第四章“域外主要国家监管科技发展现状”、第五章“监管科技应用技术”、第六章“监管科技细分领域”、第七章“监管科技的良好试验地——‘监管沙盒’”、第八章“监管科技的中国路径和全球展望”。

研究任何一个领域、一门学科甚至一项新技术，都需要了解其所处的时代背景、社会背景以及相关的知识概念。因此，本书第一章在介绍当前时代背景的前提下，对整本书的写作框架和行文逻辑进行解释，并对涉及的旁系领域和概念进行简介，以便读者对本书有更清晰和直观的了解。

第二章作为监管科技的概述章节，首先对监管科技的来源进行介绍，简单梳理监管科技的发展史。第二节界定了监管科技的概念，并对监管科技与金融科技两者之间的关系进行辨析。第三节从监管机构的监管任务日益繁重、金融机构的合规成本逐年上升以及传统的技术已难以满足当前的监管要求三个方面阐述监管科技的崛起动因。监管科技的兴起势必会掀起一股时代浪潮，第四节则主要分析监管科技分别会对金融消费者、金融机构以及监管部门等参与主体带来的影响。

第三章是监管科技的经济学分析。本章分别从金融监管的内涵界定（这是讨论监管科技的基础）、金融监管变革的驱动因素（这是监管科技发展的意义所在）、监管科技对金融监管可能产生的直接影响、监管科技是否能代替监管者以及监管科技的局限性五个方面进行讨论。

放眼看世界，是了解监管科技全貌的必经之路，也是促进我国监管科技更好更快发展的重要前提。第四章从四个主要国家的监管科技发展现状和当前全球监管科技的投融资情况两个方面展开。第一节梳理英国、美国、澳大利亚、新加坡等金融创新领先国家对监管科技的政策支持和具体实践情况。第二节根据 CB Insights、德勤和 Fintech Global 三家资深数据分析机构对监管科技的数据统计结果，对现阶段全球监管科技的投融资情况进行简要分析。

新技术的发展、革新是推动监管科技发展的中坚力量。第五章重点介绍了支撑监管科技发展的五大底层技术——云计算、大数据、人工智能、加密技术以及区块链，分别从定义、应用原理、技术特点、发展现状、应用现状等方面对五大技术进行剖析。

现阶段已有不少监管科技应用实际落地。按照监管科技的应用方向，可将其细分为数据处理、用户身份识别、网络安全、市场行为监控、风险管理、合规报告以及法律法规跟踪七大领域。第六章分别从这七大领域各自的发展现状及面临的挑战出发，提出监管科技为应对现有困境提供的新思路和新方法，并辅以案例进行说明。

“监管沙盒”由英国首创，它作为金融科技创新和监管科技创新的良好试验地，在很大程度上能够缓解金融创新与金融监管之间的矛盾。第七章共分为四节。第一节对“监管沙盒”的概念和来源进行简要介绍。第二节解释了监管科技和“监管沙盒”两者之间的双向关系。第三节对英国、新加坡、澳大利亚、中国香港以及加拿大五个国家和地区“监管沙盒”的发展现状及具体实施措施进行详细阐述。第四节则在借鉴第三节内容的基础上，对中国内地发展“监管沙盒”提出有益建议。

进一步发展中国的监管科技是我们研究监管科技的出发点和落脚点。第八章主要讨论监管科技在中国的发展路径，以及站在世界角度看监管科技未来的发展趋势。第一节从中国政府对监管科技的政策支持和监管实践以及中国企业对监管科技的积极探索三个角度出发，对中国监管科技的发展现状进行介绍。第二节分析了现阶段中国监管科技发展面临的六大主要挑战。第三节在前两节的基础上，对中国持续发展监管科技提出政策建议。最后，虽然监管科技的浪潮已席卷而来，但我们相信现阶段的监管科技远不是监管科技的终极形态，监管科技将随着市场的成熟和技术的进步不断升级发展。本章第四节在分析监管科技的市场现状和技术现状的基础上，对全球监管科技的未来发展做出两个方向的展望。

第二章　监管科技概述

本章为监管科技的概述，共分为四小节。第一节对监管科技的起源进行介绍，简单梳理监管科技的发展史。第二节界定了监管科技的概念，并对监管科技和金融科技之间的关系进行辨析。第三节从监管任务繁重、合规成本上升和传统技术难以满足监管要求三个方面阐述了监管科技的崛起动因。第四节主要分析监管科技对金融消费者、金融机构以及金融监管部门产生的影响。

一、起源

早在2014年，英格兰银行的首席经济学家 Andy Haldane 就设想过一种应用技术来驱动监管的新型监管机制。他希望金融监管能像监视全球天气变化或监视全球的互联网通信一样，由一系列“监控器”以接近实时的速度追踪全球的资金流动，创建一个全球性的资金流动图，向公众展示资金流向以及不同流向之间的相关性等。

2015 年 3 月，英国政府首席科学顾问 Mark Walport 在一份报告[①]里指出，金融科技有可能被用于监管与合规[②]，使金融监管与合规报告更加透明、高效，从而建立起一种新的监管技术机制，即监管科技。

2015 年 11 月，英国金融行为监管局（Financial Conduct Authority，FCA）首创“监管沙盒”（Regulatory Sandbox），并提出和倡导使用“监管科技”（Regulatory Technology，RegTech），即“运用新技术，促进金融机

---

① Government Office for Science. FinTech Futures：The UK as a World Leader in Financial Technologies［R］. London，March 2015.

② 监管与合规是两个容易混淆的概念，本书对两者进行区分，“监管”属于监管部门的行为范畴，“合规”则属于金融机构的行为范畴。

构更有效地达到监管要求”①，这是政府层面首次对监管科技的内涵进行界定。为满足国际金融危机后更为严格的监管要求，FCA 鼓励金融机构（而非监管部门）创新科技手段以降低合规成本，监管科技开始备受关注。图 2-1 为 Google Trend 上监管科技搜索热度随时间变化的统计图。

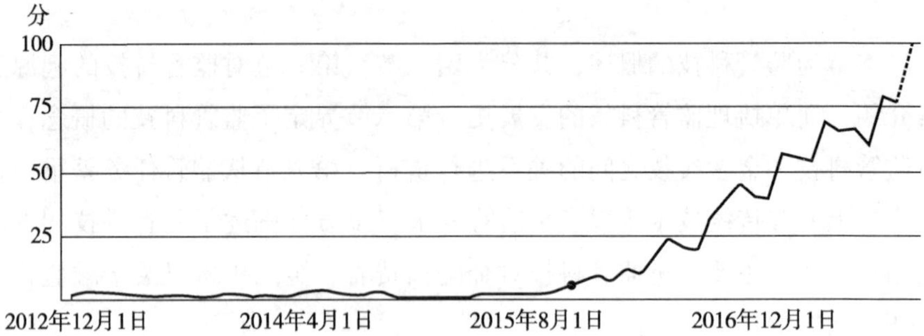

注：图中黑点为 FCA 首次提出监管科技的时间点。

图 2-1　监管科技搜索热度随时间变化的趋势②

伴随着 FCA 对监管科技的大力提倡，英国金融市场上开始有企业为了满足法律合规性、抢先制定行业监管标准等目的而积极参与监管科技，目前主要集中在以下领域：（1）鼓励、培育和资助金融科技企业利用新技术加速达到监管标准，降低监管难度；（2）采纳实时、系统嵌入式的金融监管工具，增强对市场的监测能力，提高金融服务企业的效率；（3）利用金融科技企业提供的大数据技术、软件工具等降低监管成本，节省传统会计、审计等费用；（4）加强数据可视化程度，降低监管难度，更有利于 FCA 为企业提供有效的合规咨询服务。

二、概念解析

（一）监管科技的定义

全球对监管科技的研究正处于初期阶段，目前尚未有统一的定义。不

① FCA. Call for Input on Supporting the Development and Adopters of RegTech [R]. July 2016.

② 纵坐标数字代表相对于图表中指定区域和指定时间内最高点的搜索热度。热度最高的字词得 100 分，热度是前者一半的字词得 50 分。同样，热度不到最高热度 1% 的字词得 0 分。

同的监管部门、金融机构、咨询机构和学者从自身相关领域出发，对监管科技给出了不同的定义。

FCA 将监管科技描述为“运用新技术，促进金融机构更有效地达到监管要求”。西班牙对外银行（Banco Bilbao Vizcaya Argentaria，BBVA）认为，监管科技是指“被监管部门通过运用大数据、云计算和区块链等新技术来帮助金融机构的所有活动都满足监管的要求[①]”。FCA 和 BBVA 都是站在金融机构的角度，将监管科技解读为提升金融机构合规能力的新技术。

纽约 Reed Smith 律师事务所的相关专家认为，“监管科技是通过先进的技术帮助监管部门关注合规和开展相关监管活动，使监管部门能够更容易、快速、全面和有效地进行合规监管和履行监管职责。”德勤在报告中指出，“监管科技是通过软件来促进产业快速变化的案例。在过去二十年间，已有各种技术运用于监管领域。然而，对新兴的监管科技而言，软件和非软件服务之间的差距已经明显扩大。”[②] 中国人民银行在《中国金融业信息技术“十三五”发展规划》中指出，“监管科技是基于人工智能、大数据、区块链和云计算等新技术的金融监管手段，旨在提升监管部门对交叉金融风险的甄别、管控和处置能力。”以上三者的观点与 FCA 和 BBVA 不同，主要是站在监管部门的角度，认可监管科技对监管部门监管能力的提升作用。

国际金融协会（Institute of International Finance，IIF）将监管科技定义为“能够高效且有效解决监管和合规要求的新技术”[③]。与其他机构相比，IIF 定义的监管科技在范围上涵盖金融机构和监管部门两个方面，认为监管科技既能改进金融机构的合规能力，也能提升监管部门的监管水平。本书研究的监管科技采用此定义。

笔者总结上述观点，发现各机构和学者强调的监管科技有三个核心要

---

① BBVA. RegTech, the New Magic Word in FinTech [R]. Digital Economy Outlook, February 2016.

② Deloitte. RegTech is the New FinTech: How Agile Regulatory Technology is Helping Firms Better Understand and Manage Their Risks [R]. 2016.

③ IIF. RegTech in Financial Services: Solutions for Compliance and Reporting [R]. March 2016.

点：第一，对监管部门和金融机构而言，通过监管科技来审查合规性和提高监管能力是基本要求，并期望在此基础上进一步提升监管合规效率。第二，监管科技能够协调监管部门、金融机构以及监管科技公司之间的利益，有效降低摩擦。监管部门能够更快、更准确地掌握市场信息，制定更加适宜和全面的监管标准。金融机构能够更准确地理解监管意图，做出合理的业务调整，实现持续合规。监管科技公司通过提出监管科技解决方案来同时满足监管者和金融机构的诉求，并有效保护用户。第三，现今金融科技蓬勃发展，金融机构在利用新科技为金融市场创造更便捷服务的同时，也产生了一系列传统监管工具难以监管的新风险，监管科技公司通过应用新技术来应对新风险，降低了风险损失，丰富了监管手段。

（二）监管科技和金融科技的关系

监管科技和金融科技是当前备受追捧的两个概念，不少机构和学者都对两者之间的关系进行了分析。当前市场上主要有两种观点：有些机构和学者将监管科技视作金融科技的子集。原因是监管科技和金融科技所应用的技术一致，一般都是大数据、云计算、人工智能和区块链等新兴技术，监管科技可以视作金融科技在监管领域的延伸。其他机构和学者认为监管科技是一个全新的领域，不能将其作金融科技的子集①。一方面，金融业不是唯一受到监管的行业。实际上，当前监管科技的服务范围早已不限于金融领域，在电子商务、医疗服务、环境保护等领域都有广泛应用。另一方面，推动金融科技和监管科技发展的动力存在差异。金融科技的发展动力主要是金融服务覆盖面不足和技术商品化，而监管科技的发展动力主要来自日益趋严的监管。笔者赞同第二种观点，即监管科技并非金融科技的子集，但是本书讨论的监管科技主要为金融领域的监管科技。

---

① 杜宁，沈筱彦，王一鹤．监管科技概念及作用［J］．中国金融，2017（16）：53－55；DW Arner，J Barberis，RP Buckley．FinTech and RegTech in a Nutshell，and the Future in a Sandbox［J］．CFA Research Foundation Briefs．2017．

三、崛起动因

（一）监管任务繁重

2008 年国际金融危机后，以大数据、云计算、人工智能、区块链等为代表的金融科技逐渐成为各大机构的发展重点，但对新技术本身的架构、优势、局限性以及其和金融业务的结合点，监管部门都并非完全了解。不仅如此，将新技术应用于金融领域，模糊了原本的金融业务边界，监管范围变大，这些都使监管难度陡然上升。此外，国际金融危机后全球金融环境动荡，监管部门更加关注金融监管，同时也更依赖和严格遵守繁复、冗长的监管法规和监管流程，希望汇总和分析各类数据报告以提高监管的精度、频度和颗粒度，这在很大程度上给监管部门自身造成了沉重的监管压力，也使监管部门的预算支出不断增加。

监管科技的兴起对监管部门而言无疑是一道曙光，不仅能够使监管部门进一步提升自身的监管能力，也能够使其从繁复的监管任务中脱离出来。一方面，监管部门运用监管科技，能够降低监管中存在的信息不对称，更好地观察金融机构的合规能力，及时了解金融产品创新、复杂交易、市场操纵行为、内部欺诈和风险等情况；另一方面，云计算、人工智能、区块链等新技术的运用能够提升自身的监管效率和监管能力，更好地防范系统性金融风险。

（二）合规成本上升

随着监管部门对金融服务的监管日趋严格，金融机构因违规行为遭受处罚的金额也在上升。据 CB Insights 统计，自 2008 年国际金融危机以来，银行支付的罚金高达 3210 亿美元，受罚原因包括洗钱、违反制裁规定及违规发放次级贷款等。传统金融机构，尤其是大型银行，更是受到了若干新规的严格限制，这在很大程度上改变了金融机构的运作方式①。和以往相比，金融机构不得不更重视自身的内控和后台，并在合规和风险管理上花费更多精力。以 2013 年为例，全美前六大银行的合规成本高达 700 亿美元。此外，国际金融危机后的监管环境快速变化，金融机构对未来的监管要求不甚明确，这使金融机构更为迫切地希望找寻合规解决方案。

监管科技的出现给这些金融机构更好地实现合规提供了可能。部分金融机构开始借助云计算、大数据等新技术来自查是否符合反洗钱等监管政策，避免高额罚款，提高自身合规效率。监管科技也可以保证金融机构在动态变化的监管环境中遵守规则并通过迭代建模和测试的方式实现持续合规。

（三）传统技术难以满足监管要求

在 20 世纪 90 年代，伴随着计算机技术的发展，监管部门开始运用计算机技术构建量化风险管理体系进行监管，并取得了良好的效果。但随着各国金融业的快速发展，各监管部门的监管范围和规模空前扩大，监管遇到越来越多的挑战，如现有的风险信息技术系统缺乏一致性和灵活性、系统维护成本高、难以应对实时性和临时要求、难以保证风险数据的质量并进行有效管理、获取风险信息的渠道有限等，种种问题都表明传统技术已经难以满足当前的监管要求。

监管科技可以优化监管工具，丰富监管手段和方法，有效地助力监管。如通过大数据的运用，监管部门能够及时、准确地获取、分析和处理具有前瞻性的风险数据，建立风险预测模型和实时识别流动性风险，提升监管的及时性和有效性。区块链可以将数据前后相连构成不可篡改的时间戳，大大降低监管的调阅成本，同时，完全透明的数据管理体系也提供了可信任的追溯途径。针对监管规则，监管部门可以在区块链链条中通过编程建立共用约束代码，实现监管政策全覆盖和硬控制。

---

① CB Insights. The State of RegTech [R]. September 2017.

四、对参与主体影响分析

监管科技作为一种“以科技应对监管”的颠覆性创新，对金融消费者、监管部门和金融机构都是必不可少的。对金融消费者来说，监管科技可以完善风险控制、风险提示、信息披露、投资者教育、信息安全等机制，切实维护消费者权益，提升用户满意度。对金融机构来说，监管科技是助力其发展的关键所在。在短期，监管科技可以帮助其节约合规成本，更好地控制和管理合规风险，使之持续合规；在长期，监管科技可以帮助其提升客户体验、改善公司治理水平以及提高市场竞争力。对监管部门来说，监管科技在提升监管水平、降低监管成本、持续监管创新以及防范监管套利等方面均有不错的应用表现。

（一）金融消费者

1. 维护信息安全

基于云计算、大数据等技术为公众提供的金融服务，具有高度依赖线上渠道、全时全地在线运营和客户行为及金融交易数据多样化等特点，在提升金融服务便利性与普惠性的同时，也更易引发操作风险和运行风险。此外，信息集中泄露风险也会提高，一旦出现问题，将对个人隐私、客户权益甚至金融安全构成威胁。

监管科技依靠技术手段对金融业务运行状态进行实时监测和动态分析，能够引导真正服务于实体经济的模式加速发展，减少监管套利行为，快速甄别以创新为名行欺诈之实的不法机构，保护金融消费者的个人信息和财务信息安全，使客户可以放心交易。

2. 改善客户体验

监管科技解决方案有助于改善客户体验。监管科技解决方案利用各类欺诈检测工具对客户行为进行深入研究，并对欺诈风险迅速做出准确判断，能减少客户身份验证的次数，提高交易效率，缩短交易时间，提升客户体验。以纽约的创业公司 Tradle 为例，该公司利用区块链技术建立了一个名为“熟知你的顾客”的网络，以保障银行间和银行体系外转账的可验证性和安全性，提高身份认证流程的操作效率。

（二）金融机构

1. 短期优势

（1）降低合规成本

监管科技能够帮助金融机构完成风险的主动识别与控制，及时自测和核查经营行为是否符合监管要求，从而避免因不合规带来的巨额罚款。不仅如此，金融机构利用监管科技的新兴数字技术，可以自动化分析海量的公开和非公开数据，实现合规程序和人工报告的数字化，以最小成本达成不同监管部门的合规要求，减少人工干预和重复检查的次数，从而大幅降低人力成本以及遵循法律法规所产生的负担。以银行业为例，人工智能将有能力替代目前由人工手动执行的重复性任务，帮助银行开展对洗钱或员工不当行为的检测。

（2）业务持续合规

金融机构不仅要遵守监管的现有规定，还需积极应对监管新规。因此，金融机构不仅需要持续进行审计、报告、管理等活动以符合现有的监管要求，还需考虑监管规则的变化。监管科技解决方案可以帮助金融机构跟进法律法规和监管要求的变化，强化对监管法规的理解能力，提高响应监管变化的速度，并以最小扰动快速融入机构现有系统，更好地执行和落实监管制度。

（3）先进的数据分析

当前，金融机构的大数据技术应用多聚焦于客户、产品、服务、线上渠道等领域，从而带来获客、营销、渠道等前台业务的直接收益，而风险管理、反洗钱、合规、审计等中后台领域仍然使用以资本、指标、规则为主的传统业务范式。在监管指引方面的运用，更是较少。随着利率市场化的加快，金融产品结构复杂化、交易对手方多元化逐渐成为常态，金融风险传导也趋向于难控，风险更为多样。

在监管科技逐渐成为趋势的背景下，金融机构可运用先进的数据分析从多种角度分析资讯。一是运用分布式架构的计算能力和多维数据处理能力，满足数据爆发式增长下线性扩展的能力，可主要应用在监管指标分析、全面风险管理和反洗钱等领域。二是结合实时流数据处理技术，为异常交易监控、反欺诈提供决策引擎。比如，交易所可运用大数据平台、实时流数据处理技术重构市场监察系统，在业务数据实时监控、风险预警指标监测、历史数据统计分析、客户持仓行为分析、交易行为模式分析、监察报告等方面实现实时风险计量与控制，确保事前、事中风控的时效性。三是运用数据挖掘、机器学习与金融风险计量结合，结合内外部数据、市场数据和互联网数据，满足机构全面风险管理的要求，使市场风险头寸、利率风险敞口、违约损失率、债项评级风险暴露、押品估值、行为分析、舆情分析等风险计量更为精细化。

（4）提升风控能力

风险管理是确保金融机构日常业务安全运营和长远健康发展的基石。基于监管科技构建的风险管理体系具有诸多优势。一方面，监管科技将金融机构的非结构化数据和定性数据以及可疑的交易模式以可视化和水平扫描方式进行分析和解释，帮助监管人员查看并理解数据，及时获取分析结果。另一方面，监管科技运用机器学习实时监测金融机构业务运营情况，主动识别风险和潜在问题，并根据合规参数提供有益建议，实现金融机构的风险框架和内部控制无缝衔接，从而完善自身的合规管理体系。

2. 长期优势

（1）改善公司治理

金融机构运用监管科技来处理资产安全、交易安全、法律法规遵循等问题，有利于完善公司内部控制功能，提高公司内部治理能力和风险管理水平，积极推进公司内控合规和日常经营活动朝着更为透明化的方向迈进。

（2）减少运营成本

通过关键流程的自动化，金融机构不仅可以减少操作风险，提高合规性，而且还可以减少合规人员的工资支出，进而减少公司的运营成本。员工人数的减少可使金融机构重新分配合规资源，使用更好的技术来分析和判断合规问题，比如采用人工智能解决方案。

（3）巩固市场竞争力

在金融深化改革的背景下，金融机构面临日益严峻的监管挑战和日趋激烈的市场竞争，强化内部风险管理机制是提升其经营能力和市场竞争力的必然选择。监管科技解决方案不仅可以改善客户体验，也可以维护金融机构的财务健康，并加强金融机构的风险防控能力，有效减少信用风险事件的发生。越早的监管科技技术采用者越能在未来的竞争中通过洞察监管趋势来获得竞争优势。

（三）监管部门

1. 提升监管水平

随着金融创新的不断提升和突破，监管部门需提升其监管水平，切实履行监管职能，加大金融监管力度，维护金融秩序，促使金融业合法、稳健运行。但监管部门的传统做法大多是事后监管，往往是等问题出现后，再集中力量进行调查和处理，在工作中难免处于被动地位，难以实现监管的实时性和有效性。

监管科技作为金融科技的重要分支，运用云计算、大数据、区块链、情景分析和人工智能等技术，可以实现监管数据收集、整合和共享的实时性，有效监测金融机构的违规操作和高风险交易。此外，监管部门运用监管科技智能监管系统能够提前感知和预测金融风险态势，提升风险预警的能力。

2. 降低监管成本

在以往的监管审查中，监管部门需要抽调大量人力、物力，花费大量的时间去审核金融机构提交的财务报表和合规报告的真实性，对违规的金融操作进行检查。尽管如此，监管部门仍不能保证检查过的金融机构不造假。传统监管方式监管成本高且监管效率不佳。

监管科技解决方案可以帮助监管部门实现监管流程的自动化和智能化，进而为其降低监管成本。首先，监管科技为其提供更为自动化、智能化的数据收集、整理和分析的方法，降低数据处理成本。其次，监管部门采用机器学习可以检测金融机构违规行为。最后，建立“机器学习＋自动预警和执法系统”，一旦发现违规行为，该系统可立即发出风险预警信号。比如，实时的交易监测系统一直以来存在着监测数据质量低、一致性差等系统性问题，这为洗钱等非法活动提供了空间。监管部门发现并打击这些非法活动需要投入额外的人力和物力。而监管科技解决方案提供的自动化和智能化检测可以为其节省大笔监管开支。

3. 持续监管创新

在快速变动的金融市场中，银行业与非银行业、金融业与非金融业以及货币资产与金融资产的边界正在变得越来越模糊。这势必会导致监管部门原有的监管方式、监管技术和监管流程产生诸多不适，并出现监管空白地带。

监管部门秉承开放共赢的精神，加强与监管科技公司的合作，可以深入了解新型金融产品、服务、商业模式和交付机制。同时，通过监管与科技的深度融合，监管部门可以提高监管的创新能力和技术水平，从而更科学、严谨、快速地制定监管标准、监管规则和监管框架，厘清监管职责范围，明确监管力度和方向，培育良好的金融创新监管生态体系。

4. 防范监管套利

监管套利是市场主体利用制度的差异性创造套利机会，从而达到降低监管成本、规避监管审查或获取超额收益等目的的行为。当前，部分金融科技公司在金融市场上从事类似银行的业务，但并未受到类似的监管，使监管系统存在着一些漏洞，这些漏洞也为金融科技公司实现监管套利提供了可能。相比人工监管，监管科技在人工智能和机器学习等强大技术的支撑下，帮助监管部门更易发现监管漏洞和监管空白，有效遏制监管套利行为的发生。

第三章　监管科技的经济学分析

本章是监管科技的经济学分析，共分为五小节。第一节界定金融监管的内涵，这是讨论监管科技的基础。第二节总结金融监管变革的驱动因素，由此对照可知监管科技的创新意义。第三节讨论监管科技对金融监管的影响。第四节讨论监管科技能否替代监管者的个人判断。第五节讨论监管科技的局限性。

一、界定金融监管的内涵

前文对监管科技概念的起源和代表性定义做了综述。可以看出，监管科技是一个内涵比较宽泛的概念，既可指被金融机构用来以更有效地满足监管要求的新技术，也可指被金融监管部门用来以更有效地实施金融监管的新技术。

出现上述情况的一个重要原因是金融监管本身是一个内容宽泛的概念。2008 年国际金融危机后，各国金融监管部门、金融业界和学术界对金融监管有很多讨论。一般认为，金融监管可分为三个层次。第一个层次是微观审慎监管，目标是促进单个金融机构的安全和稳健，以银行业监管中的巴塞尔协议和保险业监管中的偿付能力监管为代表①。第二个层次是行为监管，主要针对金融基础设施、金融产品和金融市场参与者的行为，目标是促进金融活动的安全、公平和有效，以金融消费者权益保护、信息披露和反内幕交易等为代表。第三个层次是宏观审慎监管，目标是防范系统性金融风险，包括针对金融顺周期性的监管（时间维度）和针对系统重要

---

① 这两个监管文件均经历过多轮更新升级。比如，巴塞尔银行监管委员会 1988 年推出《巴塞尔协议Ⅰ》，2004 年推出《巴塞尔协议Ⅱ》，2010 年推出《巴塞尔协议Ⅲ》。

性金融机构的监管（机构维度），以《巴塞尔协议Ⅲ》中的逆周期资本缓冲、系统重要性金融机构的附加资本要求为代表。

金融机构对自身风险的管理（主要是信用风险、流动性风险、市场风险、操作风险等）与针对相应风险的金融监管往往采取同样的风险框架。比如，风险价值（Value at Risk，VaR）最早被金融机构用来管理市场风险，之后巴塞尔协议在引入针对市场风险的资本要求时，就是基于风险价值（VaR）进行的。鉴于这一点，本章在讨论监管科技时，将不严格区分金融机构层面的风险管理和金融监管部门对金融监管的实施。

二、金融监管变革的驱动因素

从历史情况看，金融监管的理念、方法和工具在不断变革。金融监管变革有五个主要的驱动因素。

第一个因素是政治家的信念。政治家是相信自由放任主义（Laissez - Faire），即认为市场不需要政府干预就能自动达到均衡状态，还是相信自由市场经济有内在的失灵、不稳定因素，认为政府干预对促进社会福利有不可替代的作用，这会影响金融监管的方向。如果政治家持前一派观点，政府会倾向于放松监管；反之，则倾向于加强监管。比如，在美国，共和党多支持放松监管，民主党多支持加强监管。

第二个因素是金融危机的影响。金融危机往往能揭示之前未被充分认识的金融风险点、监管空白点和漏洞，并催生一些“补丁”型的或“整体翻修”型的监管变革。比如，美国在安然事件后推出了《萨班斯—奥克斯利法案》（2002 年），在国际金融危机后推出了《多德—弗兰克法案》（2010 年）。需要指出的是，金融危机往往会影响政治家关于金融监管的信念。

第三个因素是新型金融组织形式的影响。新的金融组织形式会带来新的金融风险来源和传导机制，需要金融监管及时做出响应。这方面以金融科技为代表。比如，P2P 网络借贷在主要国家造成了监管难题，很大程度上是因为其跨越了银行和证券两个金融形态。从资金融通看，P2P 网络借贷替代了银行存贷款的功能，在一定程度上是民间借贷的线上化，应该类比银行业进行监管。我国就是由中国银监会来监管P2P网络借贷。但从融资者角度看，融资者相当于P2P网络借贷平台向公众发行基于个人信用的债券，应该类比证券市场进行监管。美国就是由证监会来监管P2P网络借贷。面对金融科技的兴起以及伴随的监管挑战，很多国家提出或实施了“监管沙盒”。

第四个因素是新型金融工具的影响。这方面的代表是信用违约掉期（Credit Default Swap，CDS）。CDS是一个管理、对冲、转移信用风险和揭示信用风险信息的有效工具。《巴塞尔新资本协议》认可CDS转移银行贷款的信用风险、缓释银行资本占用的作用。但国际金融危机前，CDS在场外交易，使金融机构之间形成了错综复杂的风险传导链条，而且在一定程度上掩盖了金融风险的真实情况。国际金融危机期间，美国政府救助美国国际集团（American International Group，AIG）的一个重要原因，就是AIG通过卖出CDS为很多金融机构提供了信用风险保险，AIG破产将对这些金融机构造成很大冲击。国际金融危机后，主要国家政府加强了对以CDS为代表的场外衍生品的监管，要求场外衍生品走向标准化并引入中央交易对手机制。

第五个因素是新的金融风险管理工具的影响。前文提到的风险价值（VaR）就是这方面的代表。风险价值尽管存在一些弊端，在国际金融危机期间受到了广泛批评（后文会讨论这一点），但已经成为《巴塞尔新资本协议》中确定市场风险资本和信用风险资本（特别是内部评级法）的基础工具。此外，压力测试、情景分析等风险管理工具也被广泛应用在金融监管中。

三、监管科技对金融监管的影响

从前述五个驱动因素的分析可以看出，科学技术除了通过影响金融组织形式并进而影响金融监管以外，一般不会直接驱动金融监管变革。但云计算、应用程序编程接口（Application Programming Interface，API）、大数据、人工智能、生物识别技术、区块链和分布式账本有望直接影响金融监管。这也是监管科技与之前的金融监管变革最大的不同。我们认为，可能被这些新技术影响的金融监管活动包括：

1. 监管数据的收集、整理、处理和共享；
2. 监管部门与金融机构之间的数据交流；
3. 反洗钱；
4. 反内幕交易和市场操纵；
5. 客户身份识别和“了解你的客户”（Know Your Customer，KYC）；
6. 反金融欺诈；
7. 法律法规跟踪和监管合规；
8. 金融交易后结算和对账；
9. 新的信任机制；
10. 交易对手风险监控和舆情管理；
11. 风险计量、压力测试和风险预警。

表 3－1 对这些监管活动进行了分类，表 3－2 列举了可能对其产生影响的新技术。

表 3－1　　监管活动分类

	金融机构层面的风险管理	微观审慎监管	行为监管	宏观审慎监管
监管数据的收集、整理、处理和共享				
监管部门与金融机构之间的数据交流				
反洗钱				
反内幕交易和市场操纵				
客户身份识别和“了解你的客户”（KYC）				
反金融欺诈				

续表

	金融机构层面的风险管理	微观审慎监管	行为监管	宏观审慎监管
法律法规跟踪和监管合规	■	■	■	■
金融交易后结算和对账	■	■		■
新的信任机制	■	■		■
交易对手风险监控和舆情管理	■	■		■
风险计量、压力测试和风险预警	■	■	■	■

表 3－2　　监管科技的影响

	云计算	应用程序编程接口	大数据	人工智能	生物识别技术	区块链和分布式账本
监管数据的收集、整理、处理和共享	■	■				
监管部门与金融机构之间的数据交流	■	■				
反洗钱	■		■	■		
反内幕交易和市场操纵	■		■	■		
客户身份识别和“了解你的客户”（KYC）			■	■	■	
反金融欺诈			■	■	■	
法律法规跟踪和监管合规				■		
金融交易后结算和对账						■

续表

	云计算	应用程序编程接口	大数据	人工智能	生物识别技术	区块链和分布式账本
新的信任机制						■
交易对手风险监控和舆情管理			■	■		
风险计量、压力测试和风险预警			■	■		

总的来说，监管科技对监管活动的影响主要体现在以下四个方面。一是提高非现场监管效率。二是帮助金融机构降低金融合规成本，特别是在监管规则明确的情况下。三是提高金融监管部门和金融机构识别、计量和处置风险的效率。四是为宏观审慎监管提供良好的数据基础。

最后这一点值得特别强调。金融监管部门在评估金融风险传导渠道和系统重要性金融机构时，需要先知道金融机构之间的债权债务数据（包括场外衍生品交易形成的敞口），再使用情景分析和压力测试来评估不同金融机构破产对其他金融机构的影响。然而现实中，金融监管部门并不实时掌握金融机构之间的债权债务数据，有时候还不得不根据各金融机构公布的汇总后的对外债权和债务数据以及最大熵方法（Maximum Entropy）进行估计①。这自然会影响系统性风险评估的准确性和效率。因此，国际金融危机后，很多金融监管部门开始加强宏观审慎监管所需的数据基础建设。比如，美国依据《多德—弗兰克法案》在财政部内部成立了一个相对独立的金融研究办公室。该办公室的职责包括：（1）代表美国金融稳定监督委员会收集金融数据，并将数据提供给该委员会及其组成部门；（2）标准化其所收集和报告的数据的类型和格式；（3）进行应用型研究和长期研究；（4）开发风险度量和监控工具。可以预见，随着监管科技，特别是云计算、应用程序编程接口、大数据和人工智能的发展，金融监管部门将能更好地获取、分析金融机构的信息，并据此做出响应。

① 这个问题可以表达为：在已知矩阵各行之和以及各列之和的情况下，如何引入最少的额外信息，来估计矩阵的各个元素。

四、监管科技能否替代监管者的个人判断

监管科技兴起后，有一种观点是，监管科技能替代监管者的个人判断，未来的金融监管部门将可以由人工智能来取代。这种观点实际上是金融监管和货币政策领域中长期以来存在的政策规则与相机抉择之争在监管科技中的一个体现。本文认为，这种观点是不成立的。

（一）现实中使用的政策规则

从实践情况看，金融监管和货币政策中真正应用的政策规则不多，主要有三个。第一个政策规则是货币政策中的泰勒规则。泰勒规则是斯坦福大学约翰·泰勒教授[①]于1993年提出来的，被认为很好地刻画了美联储的货币政策决策（见图3－1）。泰勒规则有多种形式，其最经典的形式为

货币政策目标利率＝2%＋通胀率＋0.5×（通胀率－2%）
＋0.5×GDP缺口

泰勒规则的经济学直觉非常清楚。第一，如果不考虑通胀率和GDP缺口，实际的政策利率应为2%。第二，通胀率的目标是2%。如果通胀率上升1%，政策利率应提高1.5%。第三，如果GDP缺口增加1%（可以理解为实际GDP增长率超过目标增长率达1%），政策利率应提高0.5%。

第二个政策规则是《巴塞尔协议Ⅲ》中的逆周期资本缓冲（见图3－2）。逆周期资本缓冲处于0～2.5%，使资本充足率要求在经济金融形势景气时增加，在经济金融形势低迷时降低。对逆周期资本缓冲水平的确定，巴塞尔银行监管委员会建议主要参考私人部门信贷/GDP比率。首先，定义：

信贷/GDP比率的缺口（GAP）＝信贷/GDP比率的当前值－趋势值

其中，趋势值可根据H－P滤波器估计。

其次，逆周期资本缓冲达到区间上下限的条件是（参数有待校准）：

---

① 2017年，美国总统特朗普考虑美联储主席人选时，泰勒教授是候选人之一，但最后没有被特朗普总统提名。

资料来源：Bernanke，Ben S.，2015，The Taylor Rule：A Benchmark for Monetary Policy? https：//www. brookings. edu/blog/ben - bernanke/2015/04/28/the - taylor - rule - a - benchmark - for - monetary - policy/。

图 3－1　美联储基金利率与泰勒规则

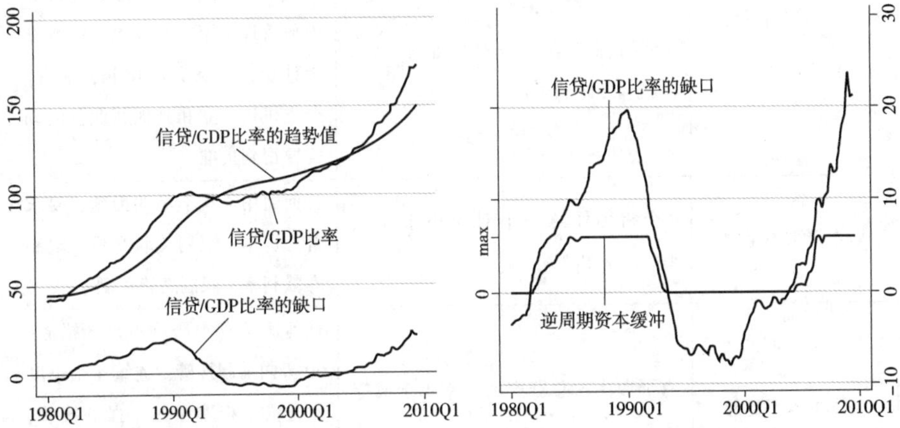

资料来源：Basel Committee for Banking Supervision，2010，"Countercyclical Capital Buffer Proposal"，Consultative Document。

图 3－2　《巴塞尔协议Ⅲ》的逆周期资本缓冲

如果信贷/GDP比率的缺口<2%，逆周期资本缓冲=0；

如果信贷/GDP比率的缺口>10%，逆周期资本缓冲=2.5%。

巴塞尔银行监管委员会认为除信贷/GDP比率外，还应参考银行业税前利润、CDS价差、融资成本和资产价格等指标。

第三个政策规则是美国银行存款保险公司（Federal Deposit Insurance Corporation，FDIC）使用的“及时纠正措施”（Prompt Corrective Action，见表3-3）。这个“及时纠正措施”被很多国家的存款保险机构借鉴。

表3-3　FDIC的“及时纠正措施”

银行分类	衡量标准	FDIC“及时纠正措施”
资本良好的	同时满足资本充足率、一级资本充足率、核心一级资本充足率以及杠杆比率4个指标分别大于或等于10%、8%、6.5%和5%	无须采取措施
资本充足的	同时大于或等于8%、6%、4.5%和4%	非经FDIC允许，不得吸收经纪存款
资本不足的	4个指标任意一个对应小于8%、6%、4.5%和4%	允许吸收经纪存款；停止分红和发放管理费用；要求提交资本补充计划；限制资产增长；兼并、分支机构设立和其他新业务活动需要得到批准
资本严重不足的	4个指标任意一个对应小于6%、4%、3%和3%	任何适用资本不足的措施；要求补充资本；限制关联交易；限制存款利率；限制高管薪酬
资本根本不足的	有形股本占总资产的比率小于或等于2	任何适用资本严重不足的措施；90天内强制接管；连续4个季度都是资本根本不足，强制接管；限制支付次级债务利息；限制其他经营活动

之所以详细介绍这三个政策规则，主要是因为在金融监管和货币政策实务中，政策规则的使用并不普遍，有大量决策无法参考政策规则，更谈不上

完全依据政策规则。比如，泰勒规则作为经验规则，能较为近似地描述美联储过往的货币政策决策。国际金融危机后，一些美国政治家认为应该限制美联储的权力，提出美联储应在货币政策决策中采用泰勒规则。这一观点在美国引起了很大争议。主流观点认为，一是美联储在货币政策决策中要综合考虑通胀率、经济增长率以外的多种因素，比如非农就业、金融市场、美元汇率等，而这些因素不能被泰勒规则所涵盖。二是这些被广泛认可的政策规则存在很多不完美的地方。比如，巴塞尔银行监管委员会在设计逆周期资本缓冲的参考指标时，对包括信贷/GDP 比率在内的多个指标对经济金融危机的预测能力做了实证分析，最后选中了信贷/GDP 比率这个指标。但即便如此，这个指标对经济金融危机的预测能力远非完美，有不可忽视的误报率和漏报率，只是相对其他指标表现得更出色而已。

（二）基于监管科技的政策规则

监管科技（特别是人工智能技术）应用在金融监管中，最终可能体现为一系列关于风险识别、预警和处置的政策规则。需要承认的是，基于监管科技的政策规则有多重好处。第一，避免“监管俘获”。与人类监管者不同，监管科技不可能被金融机构通过各种资源和手段来“俘获”，有助于保障金融监管的公正性。第二，这些政策规则能避免人为决策中的非理性或随意因素，提高监管决策的可信度，从而在事前抑制一些不审慎的风险承担行为。

然而，以下四个因素决定了基于监管科技的政策规则远不能替代监管者的个人判断。第一，现实是复杂的，金融监管者在决策前要综合考虑、权衡各方面情况。这个复杂的决策过程只能被监管科技近似模拟，而不可能被监管科技完全替代。第二，政策规则的可靠性问题。如前文指出来的，很多政策规则没有坚实的经济学理论依据，只是“大拇指规则”而已。第三，政策规则的可信度问题。对于金融监管者个人的工作失误，事后可以追责或给予惩罚，从而督促其尽责履职。但基于监管科技的政策规则本身构不成责任主体，不能像约束金融监管者个人一样去约束。第四，基于监管科技的政策规则，很多时候不像泰勒规则、《巴塞尔协议Ⅲ》的逆周期资本缓冲、FDIC 的“及时纠正措施”那样方便理解。比如，一些人工智能算法形同“黑箱”，输入数据和输出结果之间的关系非常复杂，不能用显示的表达式来刻画。如果政策规则由这些算法产生，就会在金融监管与金融机构之间造成复杂的沟通问题，可能降低监管效率。

罗伯特·默顿教授曾指出①，在金融活动中，信任有两个组成部分——值得信任（Trustworthy）和能力胜任（Competence）。由前面的分析可以看出，基于监管科技的政策规则在值得信任、能力胜任两个维度都存在欠缺。

五、监管科技的局限性

第一，即使有监管科技，现场监管仍有不可替代的价值。金融机构在运行中，会产生大量有助于判断其风险状况的信息。其中，有些信息能被数字化，典型的是资产负债表信息，这些信息可以被监管科技有效地处理。但还有些信息属于“软信息”的范畴，难以被准确地数字化，比如金融机构的合规文化和团队合作精神。对于这些信息，现场监管是更有效的收集和分析手段；用监管科技来处理，则难免出现信息失真的情况。

第二，金融监管中的很多决策，不一定能通过监管科技转化为政策规则。第四节通过列举三种主要的政策规则，已指出了这一情况。这是不完全契约理论在金融监管中的体现。因为人类的有限理性、信息的不完全性和交易事项的不确定性，很多金融监管决策有内在的不确定性和模糊性，比如基于有限信息进行决策、决策要为预期外的情景留有余地等。政策规则很难穷尽金融监管决策中可能面临的情况和要考虑的问题。

第三，尽管监管科技有助于提高风险计量的时效性和准确性，但风险计量不是越及时、准确越好。风险计量的时效性和准确性也被称为风险敏感性（Risk Sensitiveness）。比如，对于一个公开市场投资组合，风险价值（VaR）作为一个前瞻性指标，比该组合的历史盈亏，更能反映该组合面临

① http：//enewsletter. ntu. edu. sg/NBSAlumni/Dec2016/Pages/PostEvents1. aspx？AspxAutoDetectCookieSupport = 1。

的市场风险。再比如，对于一笔贷款，银行根据内部评级法估算出来的违约概率（Probability of Default，PD）比贷款主体的信用评级更能反映贷款主体的信用风险。实际上，国际金融危机前，有大量的研究和实践旨在提高风险价值（VaR）和违约概率（PD）的风险敏感性。但风险敏感性是一把“双刃剑”，可能引发金融顺周期性问题。比如，如果投资者完全基于风险价值（VaR）决策，在风险价值（VaR）升高时卖出持有的证券来控制风险，那么其卖出证券的行为会使证券价格受压，从而进一步推高风险价值（VaR）。再比如，在经济下行时，企业的违约概率（PD）会上升，银行给企业的贷款将占用更多的风险资本，从而降低银行的贷款供给能力，而一旦银行收紧贷款供给，会加大经济下行趋势，进一步推高企业的违约概率（PD）。所以，在国际金融危机后的金融监管改革中，普遍强调风险价值（VaR）和违约概率（PD）使用跨经济周期的估计值和压力情景下的估计值，就是为抑制由风险敏感性引发的顺周期性问题。

第四，金融系统具有反身性，也会限制监管科技的应用。基于量化技术进行的风险识别、计量和处置，往往基于一些静态假设，而且不考虑市场参与者之间的互动。实际上，市场参与者会对金融监管决策做出反应，会动态调整自己的行为，从而影响一些风险参数的取值。因此，金融风险在一定意义上是“测不准”的。

第五，监管科技的普遍使用可能造成合成谬误。比如，假设多家金融机构使用同一技术工具来管理风险，在该工具提示风险时，这些金融机构会采取相近的风险控制措施，如卖出某些证券。尽管站在单个金融机构的角度，这样做也许是最优的，但站在金融市场的角度，多家金融机构采取相近措施会放大市场波动，反而可能使它们的利益集体受损，极端情况下甚至会发生“羊群效应”。这实际是“囚徒困境”的表现：对单个金融机构有利的行为，在金融系统层面可能是不利的。实际上，这种合成谬误在程序化交易、量化投资中已发生过多次。因此，当一项监管科技被广泛使用时，它反而可能变成系统性风险的一个来源。

第六，在金融领域，并非所有不确定性都可以量化。根据现代风险管理理论，风险指的是未来遭受损失的可能性，核心要求是损失分布可计量。如果损失分布不可计量，就不是风险，而是奈特式不确定性。与奈特式不确定性有关的一个常见概念是“黑天鹅”事件。实际上，不管是奈特式不确定性，还是“黑天鹅”事件，发生得都比一般认为的要频繁。比如，英国脱欧、特朗普当选美国总统等，都对金融市场产生了很大影响，但很难在事前去精确地量化它们发生的可能性。对这些难以量化的不确定性，监管科技能起的作用是非常有限的。

最后，我们想强调一点，监管科技要发挥作用，离不开金融市场基础设施建设。最近，国内学者就大数据和计划经济有很多讨论[①]。相关讨论对理解监管科技很有启发意义。监管科技的研究者一般强调大数据和人工智能在揭示金融风险信息方面的作用。比如，国内外有大量从事网络贷款的机构使用大数据和人工智能来评估借款人信用状况，取得了良好效果。另外，如何从市场价格中分离出有价值的信息，一直是经济学研究和实践中的一个基础问题。比如，在CDS市场中，市场参与者就标的实体（债务人）的信用状况开展时间连续的交易，交易形成的CDS价差能及时、有效地反映标的实体的信用状况[②]。那么，同样是揭示金融风险信息，是大数据和人工智能好，还是市场价格机制好？对于这个问题，经济学有很多研究。比如，哈耶克在其名著《通往奴役之路》一书中指出：“价格是唯一一种能使经济决策者们通过隐性知识和分散知识互相沟通的方式，如此一来才能解决经济计算问题。”因此，在很多场合，市场价格机制的作用是不能被大数据和人工智能所替代的。特别在市场不透明、多层嵌套的情况下（比如影子银行体系），大数据和人工智能的发挥空间很小。只有完善市场基础设施，大数据和人工智能的作用才能发挥出来。2017年全国金融工作会议就特别指出：“要健全风险监测预警和早期干预机制，加强金融基础设施的统筹监管和互联互通，推进金融业综合统计和监管信息共享。”

---

① 可参考吴敬琏研究员和许成刚教授对这个问题的观点，http：//video. caixin. com/2017 - 01 - 09/101041891. html，http：//www. thepaper. cn/newsDetail_forward_1804344。

② 谢平，邹传伟. CDS的功能不可替代［J］. 金融发展评论，2011（1）：81 - 89.

第四章　域外主要国家监管科技发展现状

本章主要介绍域外主要国家监管科技的发展现状，共分为两小节。第一节分别从英国、美国、澳大利亚以及新加坡四国现阶段金融创新的发展现状入手，详细介绍了四国政府对监管科技的支持情况。第二节根据 CB Insights、德勤和 FinTech Global 三家资深数据分析机构对监管科技的数据统计结果，对现阶段全球监管科技的投融资情况进行简要分析。

一、政策支持情况

（一）英国

英国作为世界领先的金融科技中心，在鼓励金融创新的同时，也十分注重金融监管创新，率先公开呼吁发展和应用监管科技。

1. 英国金融创新发展

2008 年国际金融危机促使各国监管部门对现行监管体制进行反思，并尝试使用新的监管模型、监管方法和监管技术来提升监管能力。2011 年 6 月，英国政府正式发布《金融监管新方法：改革蓝图》，对英国的金融监管体制进行全面改革[①]。在新监管体制下，英国监管主体金融服务监管局（Financial Service Authority，FSA）在 2013 年拆分为审慎监管局（The Prudential Regulation Authority，PRA）和金融行为监管局（Financial Conduct Authority，FCA），两者分别负责审慎监管和行为监管。

随着金融科技的蓬勃发展，为了更好地把控市场金融创新的边界，

---

① 廖凡，张怡．英国金融监管体制改革的最新发展及其启示［J］．金融监管研究，2012（2）：88－102.

FCA 于 2014 年 10 月设立创新项目（Project Innovate）。创新项目主要包含五个方面的内容：一是为金融科技公司提供直接帮助。FCA 通过对话的形式了解金融科技公司的需求，基于对金融科技公司的充分理解，帮助其适应监管；二是为金融科技公司提供自动化指导与建议，帮助其理解现行监管要求，提升业务合规性；三是实施“监管沙盒”，为金融科技公司营造更好的发展环境，同时在“监管沙盒”内检验新技术的实用性；四是广泛听取学研机构和企业的意见，通过机构合作和技术共享，发展和完善监管科技；五是鼓励国际合作，在企业层面和政府层面进行广泛合作，共同探讨行业标准，鼓励英国的金融科技公司拓宽海外市场，以及为进入英国市场的金融科技公司提供帮助。

2. 英国政府对监管科技的支持情况

金融监管部门不仅需要促进金融创新与竞争，同时也需要帮助金融机构降低合规成本以及提升自身的监管效率。英国政府在 2015 年的预算中宣布，将由 FCA 和 PRA 共同承担推动监管科技发展的工作。2015 年 11 月，FCA 公开呼吁发展和应用监管科技。该倡议极大地提升了业界对监管科技的热情，金融机构和科技公司纷纷响应 FCA 的号召，对规范和发展监管科技提出反馈意见。截至 2017 年 4 月，FCA 已收到超过 350 家企业的反馈意见，其中包括 100 多家企业的正式书面反馈。在经过充分调研和研究的基础上，FCA 在 2017 年 4 月发布的《2017 ~ 2018 年商业计划》（*Business Plan* 2017/18）中明确提出了监管科技未来两年的发展计划，其中包括：(1）利用监管科技形成合规报告，使金融机构能以更有效和更低成本的方式提交监管部门所需的所有信息；(2）利用监管科技帮助原本难以获得金融服务的群体获得金融服务，进一步实现普惠金融；(3）利用监管科技对交易过程进行实时监测与监控，在了解你的客户、反洗钱和反金融欺诈等方面发挥作用。为深入探讨上述问题的解决方案，FCA 广泛邀请监管科技的各参与主体，举办 TechSprint① 会议，共同推动监管科技的发展。至今 FCA 已经举办了三次不同主题的 TechSprint 会议。

---

① TechSprint 会议是以技术为主题的高规格会议，探讨各类新兴技术的未来应用潜力，在业内被称为“黑客马拉松”。

2016 年 4 月，FCA 主办了第一次 TechSprint 会议。此次会议主要探讨如何应用新技术为传统金融机构以外的金融科技公司提供数字化解决方案，帮助其更好地实现合规，以及对应用过程中可能面临的技术难题进行商讨。同时，FCA 鼓励金融机构要为消费者提供更好、更全面的服务，实现普惠金融。

2016 年 11 月，FCA 联合挑战者银行（Challenger Banks）[①]、大型科技公司、新型金融科技企业以及学术机构召开了第二次 TechSprint 会议。会议以“解锁监管报告”为主题，提出了两个方面的构想。一方面，监管科技公司（第三方技术机构）应用监管科技将法律法规转化为机器可读的文本，形成数字化监管报告。监管报告根据各金融机构开展的具体金融业务为其提供自动化建议和个性化指导。金融机构根据相关建议与指导，自动生成各类报告，并以电子化的形式报送英格兰银行（Bank of England，BoE）和 FCA。另一方面，监管科技公司利用监管科技为 BoE 和 FCA 等监管部门提供数据存储和分析工具，当其需要某个金融机构的某个数据时，通过该工具便能随时调取，提高监管效率。

2017 年 3 月，FCA 和金钱与心理健康研究所（Moneyand Mental Health Policy Institute）[②] 共同组织了第三次 TechSprint 会议。该会议的主题是“运用新技术和新理念来切断个人财务状况与其精神问题之间的关联”。据金钱与心理健康研究所研究统计，患有精神疾病的人遭遇个人财务危机的可能性是普通人的三倍。会议提出一个共性话题，监管科技公司可以运用监管科技开发实时监测和监控技术，金融机构应用该技术实时监测精神异常者的常用银行账户，并对其异常的消费行为进行核实。当发现消费者是由于精神异常而产生不理性消费时，金融公司将会锁定其银行卡，以防止其

---

① 挑战者银行指对传统银行业务进行突破的银行。最早的挑战者银行是 Metro Bank（成立于 2010 年），其最初的挑战行为是扩大经营时间，即从早上八点到晚上八点。近期出现的挑战者银行（如 Atom Bank 等）主要的挑战行为是撤销线下网点，开展网上银行。同时，一些挑战者银行也在尝试使用新技术来提升服务质量，如采用面部识别、声音识别等便捷和高效的方式代替输入银行账户密码。

② 金钱与心理健康研究所成立于 2016 年 4 月，该组织主要研究个人财务状况与其精神问题之间的关联。

过度消费。同时，金融机构还将应用监管科技来为精神异常消费者预测今后的消费情况，并安排自动还款计划，从而缓解精神异常者在消费和还贷方面的心理压力，使精神异常者等弱势群体能够和普通人一样享受平等的金融服务。之后，FCA还计划进一步扩大监管科技的应用范围，除为精神异常消费者服务外，还将应用于更多其他特殊人群，进一步推动普惠金融的发展。

2017年4月，英国财政部发布的《监管创新计划》（*Regulatory Innovation Plan*）提出，监管部门应利用监管科技来减轻监管压力，以及金融机构应借此来降低合规成本。同时，FCA鼓励监管科技公司进入创新项目，创新项目中的“监管沙盒”制度和国际合作协议能够帮助监管科技公司更好地开展自身业务以及拓展海外业务。

（二）美国

作为金融创新领先国家，美国一直以来都十分支持金融科技的发展。同时，为确保金融创新的影响可控、提升金融监管部门的运营效率以及维护国家金融体系的安全稳健，美国也十分鼓励监管科技的发展。但美国监管体系的复杂性以及各监管部门之间不同的监管分工和监管权限，致使在国家层面上至今尚未有关于监管科技的法律法规出台。不过，部分联邦金融监管部门和州金融监管部门已开始开展各自的金融创新实践，以下主要介绍四个影响较大的金融监管部门在金融创新与监管方面的举措。

1. OCC创建“创新办公室”

货币监理署（Office of Comptroller of Currency，OCC）隶属于美国财政部，1863年《国家货币法》（*National Currency Act of* 1863）赋予了OCC监管美国联邦注册银行的职能。2016年，OCC分别在华盛顿、纽约和洛杉矶创建“创新办公室”（Offices of Innovation），旨在通过“创新办公室”，直接与金融科技、监管科技等金融创新公司对话，了解现阶段金融创新情况，鼓励新技术发展，并将新技术应用于监管领域。在金融科技方面，OCC认为金融科技公司同样经营银行业务，因此有资格获得特殊的银行牌照，并应接受与银行同样的监管，因此在2016年12月建议给金融科技公司颁发银行牌照。在监管科技方面，OCC 认为有效的风险管理是金融机构开发新产品和服务的基础，因此 OCC 十分鼓励监管科技公司通过新技术开发来为金融机构提供风险管理业务。

2. CFTC 创建“创新实验室”

商品期货交易委员会（The Commodity Futures Trading Commission，CFTC）成立于 1974 年，主要负责监管美国商品期货和期权市场。CFTC 联合商品贸易领域的主要机构一起致力于新技术开发，并将其应用于金融创新与监管。为进一步促进金融创新和公平竞争，2017 年 5 月，CFTC 成立了 CFTC 实验室（LabCFTC），与 OCC 创新中心类似，CFTC 实验室旨在加强监管部门与新金融行业的联系，通过与金融科技公司和监管科技公司的合作来提升自身的监管效率以及完善当前的监管体系。此外，CFTC 实验室还推出了 CFTC 2.0 计划，即 CFTC 希望参与到区块链技术的全球研发和实践中，通过区块链技术来实现企业合规报告的收集和 CFTC 监管报告的分发等功能。

3. CFPB 创建“催化剂项目”

根据《多德—弗兰克华尔街改革与消费者保护法案》（*the Dodd - Frank Wall Street Reform and Consumer Protection Act*），消费者金融保护局（The Consumer Financial Protection Bureau，CFPB）于 2011 年成立，其主要职责是保护金融消费者权益。与传统金融监管部门相比，尚属年轻组织的 CFPB 更容易接受新的技术和方法，因此其在金融科技和监管科技领域的尝试也更加广泛。为进一步鼓励有利于消费者的金融创新，CFPB 创建了“催化剂项目”（Project Catalyst）。该项目的主要措施之一是通过向符合要求的金融科技、监管科技等金融创新公司颁布“不行动函”（No - action Letter），从而为公司提供良好的政策环境以支持其进行最大限度的创新。“催化剂项目”类似于英国的“监管沙盒”，但与之不同的是，“催化剂项目”并没有实际的法律效力，因此其运行效果显著弱于“监管沙盒”。

4. FINRA 建立“创新外展活动”

金融业监管局（The Financial Industry Regulatory Authority，FINRA）是美国最大的证券业自律监管部门，其主要负责证券交易商与柜台交易市场的行为以及投资银行的运作。为时刻关注新金融行业的发展，FINRA 在2017 年6 月建立了“创新外展活动”（Innovation Outreach Initiative）。与OCC、CFTC、CFPB 类似，FINRA 希望通过建立“创新外展活动”来推动金融应用和金融监管的双重创新。

总体而言，美国国家监管层面对监管科技的关注程度相对较弱，部分关注监管科技的金融监管部门也只是提出大体的监管科技发展设想，实际上缺乏具体实践和实质性的实施方案。此外，美国一直将监管科技作为金融科技的一个细小分支，在介绍金融科技时会提及监管科技，但一般不会单独介绍，也没有为监管科技单独指定特定的监管部门以及制定规则。

（三）澳大利亚

现阶段，已有不少国家政府开始倡导发展监管科技，但却很少有具体举措。澳大利亚政府率先通过非正式指导、监管科技应用试验和国际合作交流等方式，切实推动监管科技的发展。

1. 澳大利亚金融创新情况

澳大利亚是一个高度发达的资本主义国家，服务业、制造业、采矿业和农业是支撑其经济高速发展的四大主导产业。为进一步提升本国经济的可持续发展，澳大利亚从1970 年后开始开展全国性的经济结构调整。一方面，国民经济由内向型向外向型转变；另一方面，制造业由多元化向专业化转变。同时，澳大利亚开始实施以放松管制为主的金融自由化改革，取消或放松了几乎所有的金融管制措施。这些重大改革使澳大利亚的经济状况从20 世纪70 年代以来一直保持着稳定增长，并跻身世界经济增长强劲国家行列。

科技快速地改变着金融行业的运作模式，澳大利亚紧跟世界金融创新的潮流。为推进金融科技的发展，澳大利亚证券和投资委员会（Australian Securities and Investment Commission，ASIC）于2015 年3 月建立创新中心。同时，归功于澳大利亚稳定的金融监管环境、宽松的金融管制、成熟的金融服务业、高水平的专业人员以及同欧洲、美洲、亚洲等的紧密联系，澳大利亚的金融科技企业获得了众多风投的青睐。2015 年，澳大利亚金融科技领域的投资额为 1.85 亿美元，2016 年增至 6.56 亿美元。相比之下，美国金融科技的总投资则从 2015 年的 270 亿美元下降到 2016 年的 128 亿美元，欧洲更是下降明显，从 109 亿美元下降至 22 亿美元。可见，澳大利亚金融科技的总投资额虽不高，增速却十分惊人，发展前景十分可观。2016 年 3 月，澳大利亚 ASIC 与英国 FCA 签署共促金融科技创新的合作协议。2017 年以来，澳大利亚在金融创新工作上再次发力，又陆续与中国、中国香港、日本、马来西亚等国家和地区签署金融科技相关合作协议。

2. 政府层面对监管科技的支持

金融科技在很大程度上促进了金融创新，但同时也给金融监管造成了一定压力，传统金融监管方式难以解决新技术带来的监管难题，金融机构也迫切地需要使业务创新满足监管要求的方法。为帮助监管机构实现高效监管，澳大利亚希望发展监管科技。2016 年年中，澳大利亚 ASIC 在创新中心下设监管科技部门，从政府层面上对监管科技的发展给予支持。此后，ASIC 一直对监管科技进行积极探索，截至 2017 年 9 月，已开展了三个方面的工作：一是为监管科技公司提供非正式指导；二是进行监管科技的应用试验；三是与国际监管部门开展合作交流。

首先，ASIC 主动为开展监管科技业务的金融机构和提供监管科技服务的第三方服务公司（统称为监管科技公司）提供非正式指导，从而加强监管部门与市场之间的良性互动。一方面，ASIC 深入监管科技市场，主动了解监管科技公司的发展情况。截至 2017 年 9 月，ASIC 已和监管科技公司进行了三十多次会谈，在了解各机构业务开展情况的基础上，给予个别指导。另一方面，ASIC 通过官网发布调查问卷的方式，让监管科技公司主动反馈自身业务开展情况，主要包括监管科技业务的创新点和优势、监管科技业务开展过程中面临的挑战、可能产生的风险和相应的风险管理措施、对现有监管体系的看法以及需要获得哪方面的帮助等。通过对反馈意见的仔细甄别，ASIC 筛选出优质的监管科技公司和业务，对其给予相应的指导并进一步跟进。

其次，在 ASIC 的主导和支持下，到目前为止已开展四个方面的监管科技应用试验。一是运用认知技术对一站式养老金管理平台（即智能投顾）进行分析；二是利用机器学习对报告集进行评估，并识别其中有价值的信息；三是监控社交媒体的数据，对用户的行为数据进行有效辨别；四是利用知识图谱，将主体和主体之间的交易以关系图的形式展现，从而获取深层信息。

最后，与国际监管部门开展深度合作，为澳大利亚发展监管科技拓宽思路。例如，ASIC 于 2017 年 2 月首次开展监管科技圆桌会议，与会者不仅包括本国的相关监管部门，还有其他国家的金融监管者以及政府领导。会议主要就当前全球监管科技的发展情况和面临的挑战进行探讨，并在此基础上一同探究澳大利亚监管科技的发展机遇与挑战。

下一步，ASIC 将制订三个方面的计划，进一步助推监管科技的发展。首先，建立涵盖监管科技公司、学研机构、监管部门以及购买监管科技服务的企业在内的监管科技联络小组，针对监管科技的发展动态、发展机遇、面临的挑战进行研究讨论。其次，将持续开展监管科技的应用试验。部分成熟的监管科技业务将被应用到金融监管和执法工作中。最后，借鉴英国金融行为监管局（FCA）和加拿大安大略省证券委员会（OSC）的经验，由监管部门和监管科技公司主导建立监管科技的问题解决机制，使监管者和市场保持紧密联系，就监管科技普遍面临的问题进行探讨并解决。

（四）新加坡

作为东南亚区域的金融中心，新加坡一直致力于成为东南亚乃至亚太地区的金融科技枢纽。从 2015 年开始，新加坡政府就开始通过投入资金、建立政策以及举办会议等方式，加强对金融科技和监管科技的扶持。

1. 新加坡金融创新情况

为推进金融科技发展，新加坡政府于 2015 年 8 月在新加坡金融管理局（Monetary Authority of Singapore，MAS）下设立金融科技创新团队（Fintech & Innovation Group，FTIG），并在 FTIG 内建立支付与技术方案、技术基础建设和技术创新实验室三个办公室。新加坡政府投入 2.25 亿新加坡元推动

《金融领域科技和创新计划》（*Financial Sector Technology & Innovation Scheme*, *FSTI*），鼓励全球金融业在新加坡建立创新和研发中心，全面支持地区金融业发展。为进一步推动金融科技发展，在2016年5月由新加坡创新机构（SG - Innovate）和MAS联合设立金融科技署来管理金融科技业务并为创新企业提供一站式服务。其中SG - Innovate是新加坡国立研究基金会（National Research Foundation，NRF）的下属公司，主要任务是协助初创企业和科研机构将科研成果商品化，具体涵盖了智能能源、数据制造、金融科技、数据医药以及物联网等领域。新设立的金融科技署的主要工作包括：（1）帮助审查合格的金融科技企业申请津贴和研究经费，执行政府对金融科技的补助计划，对金融科技企业提供监管一站式审批援助；（2）完善产业基础设施建设，解决人才培养和人力需求的矛盾，提升企业组织核心竞争力；（3）管理新加坡金融科技品牌及推广战略，执行金融科技的推广活动，致力于打造全球金融科技中心。

2. 政府层面对监管科技的支持

为进一步推动新加坡金融业创新，构建新加坡新金融生态体系，MAS联合新加坡银行公会（Association of Banks in Singapore，ABS）于2016年10月共同组织了金融科技节（FinTech Festival）。FinTech Festival得到了全球范围内广大金融同行的大力支持，由花旗银行、德勤、万事达、三菱电商、大华银行等赞助，共吸引了全球50多个国家逾8000人参会。FinTech Festival由全球金融科技加速竞赛（Global FinTech Hackcelerator）、创新实验室（Innovation Lab Crawl）的展览以及金融科技、技术风险、监管科技三个主题的论坛组成。其中，监管科技论坛作为亚洲最早聚焦监管科技领域的会议，主要探讨全球监管科技的发展情况、应用方向、面临的机遇和挑战、可能产生的影响以及新加坡发展监管科技的路径。2017年11月，新加坡举行了第二届FinTech Festival，监管科技论坛也将持续开展，可见新加坡对监管科技的关注以及支持。但遗憾的是，截至目前，新加坡还尚未出现较为知名的监管科技公司。

二、市场发展情况

CB Insights 发布的《全球监管科技发展趋势报告》(*The State of RegTech*) 2017 年第三季度报告显示，2017 年初至 2017 年 9 月 20 日，全球监管科技领域融资额达 8.94 亿美元，涉及 103 宗交易。根据当下的发展速度，该报告预计 2017 年全年全球的监管科技融资额将达到 13 亿美元，涉及 148 宗交易。2013 年至 2017 年第三季度全球监管科技融资情况见图 4－1。

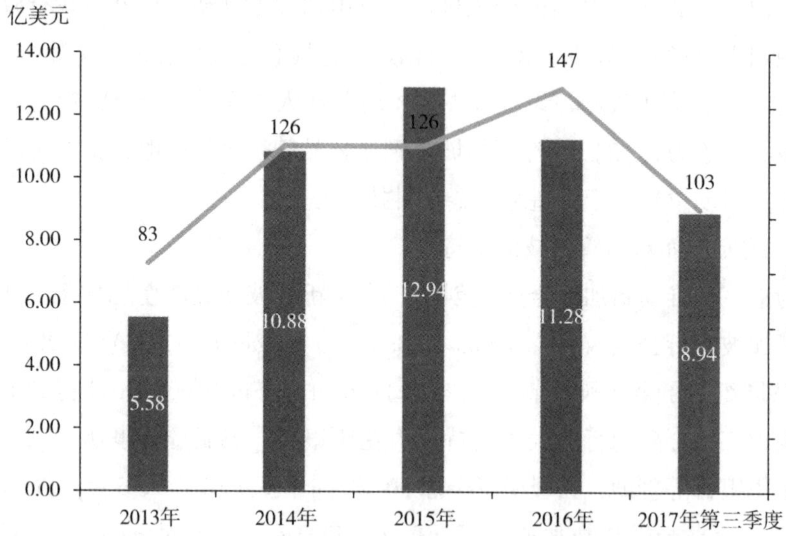

图 4－1　2013 年至 2017 年第三季度全球监管科技融资情况

在 2013 年至 2017 年第三季度间，美国的监管科技公司达成的投融资交易数量占全球监管科技投融资交易总数的 74%，稳居第一；英国居第二，占 10%；加拿大和印度并列第三，均占 3%；以色列排名第四，占 2%。各国监管科技投融资交易数量在全球监管科技投融资交易数量的占比情况见图 4－2。

其中，除美国公司的监管科技投融资交易量外，英国占全球剩余监管科技投融资交易量的 37%，印度占 10%，加拿大占 9%。各国的具体交易占比见图 4－3。

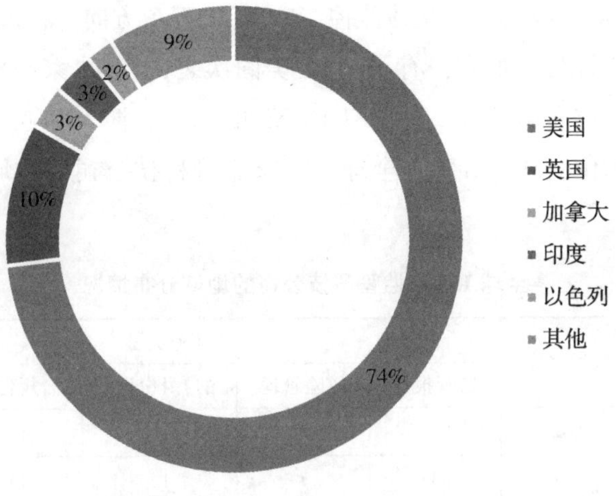

注：由于四舍五入的原因，占比加总不为100%。

图4-2 各国监管科技投融资交易数量在全球监管科技投融资交易数量的占比情况

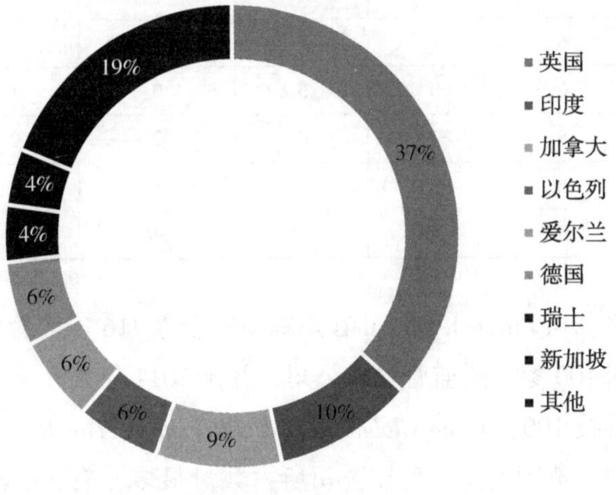

注：由于四舍五入的原因，占比加总不为100%。

图4-3 各国监管科技投融资交易数量在全球除美国外的监管科技投融资交易数量的占比

德勤就各国监管科技的发展情况，发布了一份名为《监管科技世界》(*The RegTech Universe*) 的分析报告。截至2017年7月13日，报告已覆盖全球20个国家和地区（包括中国香港的1家公司）的前153家监管科技公司，涉及监管报告（20家）、风险管理（27家）、用户身份识别（39

家)、合规咨询(48家)、交易监控(19家)五个方向。在该分析报告中，英国的监管科技公司最多，有42家；美国次之，有41家；爱尔兰和卢森堡分别居第三位和第四位，分别有13家和12家；澳大利亚、以色列以及荷兰并列第五位，均有6家。全球153家监管科技公司的地域分布情况见表4-1。

表4-1　　全球153家监管科技公司的地域分布情况

国家或地区	数量（家）	业务类型				
		监管报告	风险管理	用户身份识别	合规咨询	交易监控
英国	42	8	5	11	14	4
美国	41	3	7	12	14	5
爱尔兰	13	2	2	3	3	3
卢森堡	12	3	0	1	5	3
澳大利亚	6	0	1	1	3	1
以色列	6	1	2	1	1	1
荷兰	6	0	5	0	1	0
瑞士	5	1	0	2	2	0
其他	22	2	5	8	5	2
合计	153	20	27	39	48	19

数据研究公司FinTech Global在追踪研究全球416家监管科技公司的基础上，评选出100家优质监管科技公司，并于2017年发布《全球监管科技评论与监管科技100》(*The Global RegTech Review & The RegTech* 100)。在该分析报告中，英国的监管科技公司所占数量最多，有26家；美国次之，有21家；爱尔兰、澳大利亚和瑞士也在不断建立自身的监管科技优势，三国共有21家监管科技公司入围榜单。该报告评选的100家监管科技公司的地域分布情况见表4-2。

表4-2　　全球100家监管科技公司地域分布情况

国家或地区	数量（家）
英国	26

续表

国家或地区	数量（家）
美国	21
爱尔兰、澳大利亚和瑞士	21
其他	32

综上可知，近年来监管科技的发展形势良好，其投融资交易量连续攀升，投资额也不容小觑。在监管科技领域，美国和英国独占鳌头，美国在监管科技投融资交易量方面遥遥领先，英国则是全球范围内优质监管科技公司数量最多的国家。爱尔兰、澳大利亚、卢森堡、以色列、荷兰、瑞士等国则纷纷进军监管科技领域，均在不同程度上发展监管科技。相对而言，中国的监管科技发展稍逊一筹，仍处于起步阶段。

第五章 监管科技应用技术

本章是监管科技的应用技术，共分为五个小节，分别介绍云计算、人工智能、大数据技术、区块链以及加密技术。这些技术构成了监管科技的底层基础，也是监管科技区别于传统监管的关键所在。

一、云计算

（一）云计算的定义

2006年3月，亚马逊（Amazon）公司推出弹性云（Amazon Compute Cloud，Amazon EC2）服务，“云”作为新科技开始进入大众视野。2006年8月，Google首席执行官埃里克·施密特在搜索引擎大会（SES San Jose 2006）上，首次提出“云计算”的概念。此后，不少专家学者和机构组织开始云计算的研究和实践，并从不同的角度对云计算的定义进行界定，表5－1对市场上较为权威的定义做了全面梳理。

表5－1　云计算概念梳理

研究者	年份	云计算的具体内涵
Vaquero L M，Rodero－Merino L，Caceres J 等	2008	云是一个易于利用和访问的大型虚拟资源池，可根据变化的负载规模对资源池中的资源进行动态的配置，资源以按次计费的方式被使用，基础设备提供商通过服务水平协议（Service Level Agreement，SLA）保证其服务质量①

① Vaquero L M，Rodero－Merino L，Caceres J，et al. A Break in the Clouds：Towards a Cloud Definition［J］. Acm Sigcomm Computer Communication Review，2008，39（1）：50－55.

续表

研究者	年份	云计算的具体内涵
Foster I, Yong Z, Raicu I 等	2008	云计算是一种大规模的分布式计算机制，由规模经济效应驱动，可根据用户需求通过互联网提供抽象的、虚拟的、可动态伸缩的计算能力、存储容量、平台和服务①
加州大学伯克利分校	2009	云计算包含互联网上的应用服务及在数据中心提供服务的软硬件设施。互联网上的应用服务一直被称作软件即服务（Software as a Service，SaaS），而数据中心的软硬件设施就是所谓的"云"（Cloud）②
美国国家标准和技术研究院（NIST）	2009	云计算是一种模式，允许用户随时随地按需从可配置的计算资源共享池中获取所需资源，资源包括网络、服务器、存储器、应用程序及服务等。共享池的资源可以被快速供给和释放，将管理的工作量和服务提供者的介入降低至最少③
IBM 云计算中心	2010	云计算是一种计算模式，在这种模式中，应用、数据和 IT 资源以服务的方式通过网络提供给用户使用。云计算也是一种基础架构管理的方法论，大量的计算资源组成 IT 资源池，用于动态创建高度虚拟化的资源供用户使用④

NIST 提出的云计算定义被业界广泛接受，对该定义进行剖析，可得出云计算的五大基本特点：（1）泛在接入。用户可通过多种渠道（比如移动电脑、笔记本电脑或 PDA 掌上电脑），随时随地以统一的标准机制从云计算平台上获取服务。（2）共享资源池。云计算供应商将计算资源汇集到资源池中，通过多租户模式共享给多个用户，根据用户的需求对不同的物理资源和虚拟资源进行动态分配或重分配。（3）弹性。用户可以根据需求，增减所需 IT 资源（比如 CPU、网络存储、软件应用等），使 IT 资源的规模

① Foster I, Yong Z, Raicu I, et al. Cloud Computing and Grid: Computing 360 - degree Compared [Z]. 2008: 1-10.

② Armbrust, Michael, Fox, et al. Above the Clouds: A Berkeley View of Cloud Computing [J]. Eecs Department University of California Berkeley, 2009, 53 (4): 50-58.

③ Mell P, Grance T. The NIST Definition of Cloud Computing [J]. Communications of the Acm, 2009, 53 (6): 50-50.

④ IBM 云计算中心．"智慧的地球"——IBM 云计算 2.0 [R]. 2010.

动态伸缩，实现资源最优化。（4）可扩展性。云计算平台能够快速而灵活地提供各种功能以实现扩展，方便用户拓展原有业务和开展新业务。对用户来说，可取用的功能应有尽有，且可以在任何时间进行任意数量的购买。（5）按需付费。用户可以根据实际需求，通过网络完成计算能力的申请、配置和调用，并且按照资源的使用情况付费。

（二）云计算的服务模式

云计算按服务模式可分为三类：软件即服务（Software as a Service，SaaS）、基础设施即服务（Infrastructure as a Service，IaaS）和平台即服务（Platform as a Service，PaaS）。此外，云计算市场上还存在部分“新”的服务模式，如后端即服务（BaaS）和协作即服务（CaaS）等，但这些服务模式都可归入上述三类模式中，故此处不再单独介绍。

1. SaaS

SaaS 是指用户通过网络运行云基础设施上的应用程序，是云计算最常见和最早出现的服务模式。在这种模式中，云计算供应商负责管理和维护软硬件设施，用户无须顾虑软件安装、升级和维护等琐事，还能免去软件许可证费用和软硬件维护费用的支出。比较具有代表性的 SaaS 平台包括 Salesforce CRM、Oracle CRM On Demand 和 Google Docs 等。

案例 5－1

Salesforce CRM

Salesforce CRM 是面向企业用户的在线客户关系管理（CRM）解决方案，业务范围覆盖汽车、通信、金融、医疗保健、生命科学等行业。通过租用 Salesforce CRM 解决方案，企业能获得诸多好处：一是精简企业管理流程，使其专注于日常业务。二是维护客户关系，提高客户留存率。三是发现市场商机，促成企业交易，扩大业务规模。Salesforce 的用户报告显示，运用 Salesforce CRM 解决方案，企业销售收入提升 37%，潜在客户增加 44%，客户满意度提高 45%，营销投资回报率上涨 43%。此外，Salesforce CRM 系统完全移动设计，允许企业在任何时候、任何连接设备上查看数据。

2. IaaS

IaaS 是指云计算供应商为用户提供处理、存储、网络和其他基础性计算资源，用户能够在云上部署操作系统、应用程序和任意软件。比较具有代表性的 IaaS 平台包括 Amazon EC2、IBM Blue Cloud 等。

案例 5－2

Amazon EC2

亚马逊弹性云服务（Amazon Compute Cloud，Amazon EC2）是亚马逊提供的 IaaS 平台。用户可以免费使用 Amazon 提供的亚马逊机器映像（Amazon Machine Image，AMI）[①]，创建一个或多个 AMI，然后在 AMI 上创建所需的实例（Instance）。用户可以完全控制创建的实例，让其按照需要与任何计算机交互，也可以在停止运行任何实例时将数据保存在启动分区。从计费模式来看，用户可以根据业务的需求自由地申请或者终止资源使用，并且只需为实际使用的资源付费。

3. PaaS

PaaS 是指云计算供应商为用户（以程序开发人员为主）提供软件开发工具包（SDK）、文档、测试环境和部署环境等，使用户能够很便捷地编写和部署应用。PaaS 是最晚出现的云计算服务模式，比较具有代表性的 PaaS 平台包括 Google APP Engine、Windows Azure Platform 等。

案例 5－3

Google APP Engine

Google 公司在 2008 年推出的 Google APP Engine（GAE）平台是 PaaS 的典型案例。GAE 平台主要包括五部分：GAE Web 服务基础设施、分布式存储服务（Datastore）、应用程序运行环境（Application Runtime Environment）、应用开发套件（SDK）、云端应用。GAE Web

① AMI 是一种包含软件配置（比如操作系统、应用程序服务器和应用程序）的模板。

服务基础设施使用户的业务系统能够运行在全球分布式基础设施上。分布式存储服务（Datastore）能随着用户需求规模的变动而伸缩，满足应用不断变化的数据存储要求。应用程序运行环境支持程序开发人员使用 Python 和 Java 两种开发语言进行 Web 应用的开发。SDK 使程序开发人员能在本地执行开发测试任务和上传应用程序。云端应用支持用户直接在线创建和编辑文档或者收发邮件①。

SaaS、IaaS 和 PaaS 三种服务模式关系密切。SaaS 可以是基于 PaaS 或者直接部署在 IaaS 上，PaaS 也可以构建于 IaaS 之上。此外，随着云计算供应商扩大业务范围，三种服务模式之间的界限正趋于模糊。比如，亚马逊正在为 IaaS 添加 PaaS 功能；惠普发布的企业云服务（Enterprise Cloud Services）融合了 IaaS 和 SaaS，使业务应用的需求与其 IaaS 资源相匹配。

（三）云计算的关键技术

1. 虚拟化技术

虚拟化作为云计算最核心的特征，是云计算依托的基础。虚拟化是资源的逻辑表示，计算程序以虚拟软件为基础运行，不受物理约束。虚拟化技术降低了资源使用者与资源实现模式之间的耦合程度，能够以资源使用者的实际需要作为出发点，简化软件的配置过程，及时调节资源的分配，平衡动态负载，使系统的可靠性得以显著提升。

为有效地在实际环境中运用，虚拟化一般具备以下三个重要特征：其一，兼容性。虚拟机在理论上能够兼容所有标准的操作系统、应用和设备驱动程序。其二，隔离性。借助虚拟化隔离技术，不同虚拟机之间完全隔离，即一个或几个虚拟机崩溃，其他虚拟机不会受到影响。其三，封装性。将虚拟硬件资源、操作系统和软件应用等封装形成的虚拟机，便于在不同的硬件间备份、移动和复制。

现阶段，虚拟化技术应用在 CPU、服务器、桌面、网络和存储等多个方面，能显著提高计算机的工作效率。以 CPU 为例，通过虚拟化技术，单

---

① 虚拟化与云计算小组．虚拟化与云计算［M］．北京：电子工业出版社，2009.

个 CPU 可以模拟多个 CPU 并行，允许一台设备同时运行多个操作系统，使应用程序可以相互独立运行而互不影响。

2. 多租户技术

多租户技术指多个用户共享软、硬件资源，每个用户按需使用资源，对软件服务进行客户化配置，且不影响其他用户的使用。采用多租户技术的 SaaS 服务模式一般需要具备以下三个特征：一是 SaaS 平台能够服务多个用户。二是多个用户在使用同一个 SaaS 平台时，数据相互隔离存储，不会相互干扰。三是 SaaS 平台能灵活拓展，保证在不同负载下平台的性能。

多租户技术和虚拟化技术最大的差异是虚拟化后的每个应用单独存在于一个虚拟机里，不同的虚拟机实现逻辑隔离；而多租户环境中的多个应用运行在同一逻辑环境中，需要通过独立数据库等方式，来保证用户之间的数据隔离。

3. 分布式技术

分布式技术最主要的特征是将一个大任务拆分成多个小任务并分布到若干台计算机上，然后通过客户端汇总计算结果。Google 是最先应用分布式技术为全球用户提供搜索服务的搜索引擎。该搜索引擎通过分布式技术使成千上万台计算机协同作业，使其能在搜索高峰时不陷入混乱或瘫痪，保障搜索服务的高效性和连续性。

MapReduce 是 Google 提出的并行程序编程模型。该编程模型使编程人员在不会分布式编程的情况下，将编写的程序运行在分布式系统上，是实现分布式架构的重要保障。如图 5 - 1 所示，MapReduce 把数据处理分为 Map 和 Reduce 两个阶段：在 Map 阶段，Map 任务先读取文件块，然后将数据并行处理后所得的中间结果保存在 Map 任务执行节点；在 Reduce 阶段，Reduce 任务读取并合并多个 Map 任务的中间结果。MapReduce 的 Map 阶段和 Reduce 阶段并发运行，而且两个阶段之间的数据自动同步，能很大程度地提升和简化大规模数据的处理效率和处理难度。

4. Web 2. 0

Web 2. 0 是博客（Blog）、内容聚合（RSS）、百科全书（Wiki）、社交网络（SNS）、对等网络（P2P）、即时通信（IM）等新型互联网应用的统称。Web 1.0 的核心特点是用户通过浏览器获取信息，Web 2.0 则更注重用户的交互作用，用户既是网站内容的消费者，也是网站内容的贡献者。网络信息由“少数生产和传播，多数接收”转变为“多数生产、传播和接收”。

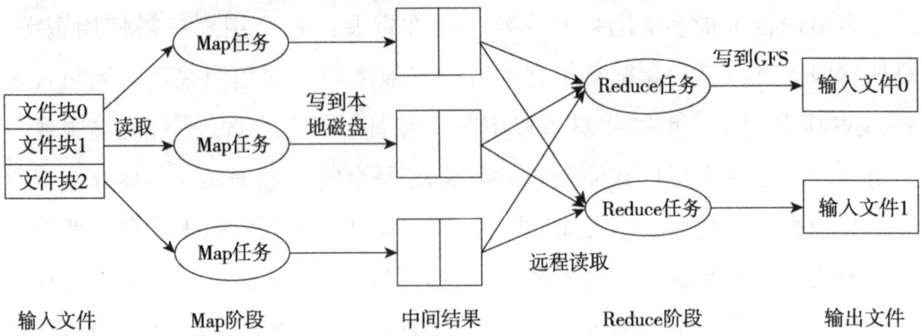

图 5－1 MapReduce 的执行过程①

PaaS 和 SaaS 服务模式与 Web 2.0 有着紧密联系。SaaS 为用户提供终端应用程序，主要有两种实现方式：一是通过 PaaS 平台来开发 SaaS。PaaS 平台为技术人员提供开发在线应用软件的环境和工具，其中包括 Web 2.0 技术工具，技术人员可以在线开发 SaaS 平台。二是采用多租户架构和元数据开发模式，运用 Web 2.0、Struts、Hibernate 等技术来实现 SaaS 平台用户界面层、控制层、业务逻辑层和数据访问层等功能②。

（四）云计算发展现状

1. 云计算的技术成熟度

在美国信息技术研究和咨询公司 Gartner 发布的《2015 年度新兴技术成熟度曲线报告》中，云计算技术被混合云计算技术所替代，意味着以公有云技术为主体的云计算技术已经基本成熟，结合私有云的混合云计算达到新兴技术成熟度曲线幻灭期的中点。在《2016 年度新兴技术成熟度曲线》中不再包括混合云计算技术，表示混合云计算也基本达到成熟，开始进入产业部署阶段。

---

① 罗军舟，金嘉晖，宋爱波等．云计算：体系架构与关键技术［J］．通信学报，2011，32（7）：3－21.

② 雷万云．云计算——技术、平台及应用案例［M］．北京：清华大学出版社，2011.

2015年以来，中国的公有云市场呈爆发式增长，公有云基本走向成熟。在私有云方面，由于政府机构大力推进“互联网+”发展战略，推动云计算、大数据、物联网和移动互联网等技术的普遍运用，政府、企业、医院等机构普遍选择在本地建设云平台或选择本地云平台服务商建设专有云，作为其应用系统的承载层，即使有机构使用公有云平台，也是将公有云平台作为远端备份或者双活系统，成为混合云平台。

2. 云计算的市场规模

全球范围内云计算市场总规模保持平稳增长。中国信息通信研究院公布的《云计算白皮书》显示，2015年全球以IaaS、PaaS和SaaS为代表的典型云服务市场规模达到522.4亿美元，增长率为20.6%，其中SaaS市场规模达到317亿美元，远超IaaS和PaaS市场规模的总和，仍然是全球公有云市场的最大构成部分。预计2020年云服务市场规模将达到1435.3亿美元，年复合增长率保持在22%。

中国的云计算市场总体保持快速发展态势。2015年，中国的云计算整体市场规模达378亿元，整体增速为31.7%。其中私有云市场规模为275.6亿元，年增长率27.1%。中国公共云服务逐步从互联网向行业市场延伸，2015年市场整体规模约102.4亿元，增长率45.8%，相比2014年略有下滑。

3. 云计算政策环境分析

（1）美国“重发展、弱监管”

美国的云计算政策始终秉持“重发展、弱监管”的理念。美国政府对云计算产业的扶植采用深度介入的方式，通过强制政府采购和指定技术架构来推进云计算技术进步和产业落地发展。目前，美国国防部、美国农业部、美国国家安全局、美国国家航空航天局等政府部门皆部署了云计算应用。在监管方面，政府对云计算并无特殊的监管机制，但对特定行业的云计算设立了较高门槛，比如政府行业的云计算需要通过RedRAMP认证和多部门联合委员会的审定。

（2）欧盟“鼓励发展与数据保护并行”

欧盟的云计算政策既强调发展，也高度重视数据保护。一方面，欧盟鼓励成员国积极促进云计算发展，为云计算的研究和技术开发提供激励，并制定适当的管理框架。欧盟自身也在积极推进建立欧洲范围的云计算基础设施——螺旋星云计划，为成员国的政府机构开展“政府云”策略提供行动指南。另一方面，欧盟在2016年先后通过《通用数据保护条例（GDPR)》和《欧盟网络与信息系统安全指令（NISD)》，明确处理个人数据必须要有合法理由，并在数据主体授权、合同的法定义务以及数据控制者的合法利益等方面制定严格的认定标准。

（3）中国“促进为主、重视安全”

2015年1月，国务院印发了《关于促进云计算创新发展培育信息产业新业态的意见》。该意见指出云计算“有利于分享信息知识和创新资源，降低全社会创业成本，培育形成新产业和新消费热点，对稳增长、调结构、惠民生和建设创新型国家具有重要意义”，但也存在“服务能力较薄弱、核心技术差距较大、信息资源开放共享不够、信息安全挑战突出等问题”。为实现云计算产业快速有序发展，该意见还提出了三个方面的重要部署：一是以公共服务为先导，形成产业生态，带动技术创新。二是以电子政务为牵引，带动云计算产业快速发展。三是以布局优化为目标，实现云计算健康有序发展。

2015年7月，《国务院关于积极推进“互联网+”行动的指导意见》发布。该意见指明了云计算与传统行业结合的方向。比如，利用云计算推动工业生产的智能化升级；利用云计算实现金融产品和服务的创新；将云计算与医疗、物流和教育相结合衍生新型业务模式。

2015年11月，工业和信息化部发布了《云计算综合标准化体系建设指南》。为了有效解决云计算应用和数据迁移、服务质量保证、供应商绑定、信息安全和隐私保护等问题，该指南提出要构建综合标准化体系框架，并从“云基础标准”“云资源标准”“云服务标准”和“云安全标准”四个方面确定了云计算29个标准研制方向。

2017年4月，工业和信息化部印发了《云计算发展三年行动计划(2017~2019年)》。该计划结合云计算现有基础以及面临的问题和挑战，制定了提升技术水平、增强产业能力、推动行业应用、保障网络安全、营造产业环境五项重点任务。

一言以蔽之，中国认可云计算是信息化发展的重大变革和必然趋势，在政策上积极促进云计算创新发展，但也高度重视云计算存在的安全问题，并强调要制定云安全的相关标准以应对安全问题。

（五）云计算的应用现状

在全球信息化大潮的驱动下，云计算必将成为新经济的引擎。现阶段，已有不少领域开始引入云计算，包括金融、政务、医疗、会计、通信、零售、能源等领域。这些领域借助云计算技术具备的拓展性、可靠性等优势，提高 IT 系统的稳定性和连续性，降低风险损失。

1. 金融领域的应用

云计算使金融机构的 IT 资源具备可扩展性，使金融机构能随时随地动态地获取所需的 IT 资源。当金融市场波动引起突发性的用户需求暴增时，金融机构可根据实际需求的波动自动或手动调整云计算平台上的 IT 资源，防止系统崩溃。

以银河证券为例说明。银河证券每天有近亿次行情查询需求，同一秒钟登录客户端查询行情信息的用户峰值达百万人次，以优质的带宽保证网站响应速度和业务连续性是公司的重中之重。2016 年，银河证券引入阿里金融云服务作为现有站点的扩展，借助阿里金融云波峰波谷弹性计算 + 带宽随需而动的工作机制，保证公司在市场剧烈波动时能有足够的 IT 资源应对爆发式的用户查询需求，有效避免使用需求超出阈值可能出现的风险损失。

云计算还能降低金融机构的运营成本。将金融机构搭建在云计算平台上，能够极大地降低分布式环境下金融系统的研发与管理难度，并保证其能够拥有低成本处理高并发金融交易、海量大数据处理的能力。当前，网商银行、蚂蚁金服、天弘基金、宜信、众安保险等多家金融机构均已将业务迁移至云端。

2. 政务领域的应用

当前，省市政府各部门一般自行建设电子政务系统，导致大量硬件设备的利用率不高，且运行维护费居高不下。云政务平台能实现电子政务系统建设和维护的集中化，降低各政务部门分散建设、分散维护电子政务系统的成本。此外，云计算“信息集成、资源共享”特性能加强电子政务系统跨部门统筹协调，实现政府部门间信息联动与政务工作协同。

比如，截至 2015 年 6 月，济南市 52 个政府部门、300 多项业务应用均采用并购买云服务方式，非涉密电子政务系统在政务云中心建设和运行的比率达 80% 以上。“数字福建政务外网云计算平台”建设一期按 5 年使用规模预算，拟承载 50 个省直部门、7321 项业务事项、1804 个业务线，共计 616 个应用系统应用①。

3. 医疗领域的应用

现阶段，不同医疗系统间的服务器、网络和存储等 IT 基础设施大多分散且隔离，由不同的医疗机构单独维护和使用，而云计算能有效打通数据，形成统一的医疗信息共享平台，提升整个医疗行业的服务水平。此外，云计算还能让使用者自我管理 IT 服务资源，根据服务需求实时配置 IT 资源，优化整体 IT 资源的使用效率和使用成本。

根据移动信息化研究中心公布的数据，截至 2016 年底，已有 21.7% 的二级以上医院部署了云计算应用，5.3% 的医院正在部署，8.6% 的医院正在评估，23.4% 的医院表示在未来 1～2 年部署，还有 41% 的医院表示暂无计划②。

二、人工智能

（一）人工智能的基本介绍

1. 人工智能的起源和概念

人工智能（Artificial Intelligence，AI）这一术语源于 1956 年的达特茅斯会议，由约翰·麦卡锡（John McCarthy）等人在会议上第一次正式使

① 中国信息通信研究院．云计算白皮书［R］．2016－09．

② 移动信息化研究中心．2016～2017 年医疗云应用趋势研究报告［R］．2016－12．

用。迄今为止，人工智能的研究实践已超过60年，在此期间，人工智能发生过三次较大的改变。第一次是用机器代替人进行计算，最具代表性的成果是专家系统。第二次是人工智能可以与外界进行交流，在交流过程中判断外界的变化，对其中的不确定性进行分析，并通过计算进行逻辑思维工作，使人工智能机器能够从事思维分析方面的工作。第三次是随着大数据和深度学习的发展，人工智能开始对大量无规律的数据进行自动化的智能分析处理，进而实现一连串的自动化操作。

关于人工智能的概念，不同学者持有不同观点。《人工智能：一种现代方法》对其进行了梳理，发现可以归纳为四类：像人一样思考的系统、理性思考的系统、像人一样行动的系统、理性行动的系统。

表5－2　　人工智能的若干概念①

像人一样思考的系统	理性思考的系统
“使计算机思考是令人激动的新成就……按完整的字面意思就是：有头脑的机器”（Haugeland，1985） “与人类的思维相关的活动，诸如决策、问题求解、学习等活动”（Bellman，1978）	“通过使用计算模型来研究智力”（Charniak和McDermott，1985） “使感知、推理和行动成为可能的计算的研究”（Winston，1992）
像人一样行动的系统	**理性行动的系统**
“创造能执行一些功能的机器的技艺，当由人来执行这些功能时需要智能”（Kurzweil，1990） “研究如何使计算机能做到那些目前人比计算机更擅长的事情”（Rich和Knight，1991）	“计算、研究智能Agent的设计”（Poole等，1998） “AI……关心的是人工制品中的智能行为”（Nilsson，1998）

上述定义虽然在表达方式上有所不同，但所反映的基本思想和基本内容一致，即人工智能是研究如何模拟人类智能活动，以延伸人类智能的科学。其中智能活动一般包括运动、判断、推理、证明、识别、感知、理解、通信、设计、思考、规划、学习和问题求解等。

① Stuart Russell，Peter Norvig. 人工智能：一种现代方法（第3版）［M］. 北京：清华大学出版社，2010.

2. 人工智能的分类

根据智能程度相较人类智能程度的高下，业界普遍将人工智能分为弱人工智能、强人工智能和超人工智能三类。

弱人工智能的智能程度较低，只擅长完成单项任务，比如网页抓取和下围棋，AlphaGo 就是典型的弱人工智能。现阶段人工智能发展正处于弱人工智能阶段。

强人工智能指智能程度和人类智能比肩的人工智能，能完成任何人类能够完成的脑力劳动，具体包括思考、计划、解决问题、抽象思维、理解复杂理念、快速学习和从经验中学习等。强人工智能系统的建设难度要远大于弱人工智能，目前仍无法建成。

超人工智能指智能程度超过人类智能的人工智能，能够完成人类无法完成的任务。人工智能“末日论”与“光明论”曾发生过多次论战，而论战的落脚点一般就是超人工智能。

3. 人工智能的技术特点

第一，处理速度快。一方面，脑神经元最快的运算速度大约是 200 赫兹，而现在的微处理器能以十亿赫兹的速度运算，且随着处理器升级，运算速度还在不断提高。另一方面，信息在人类大脑中的传播速度大约是每秒 120 米，而电脑中信息的传播速度是光速，远快于信息在大脑中的传播速度。

第二，数据分析能力强。人工智能不仅能够处理千万级、亿级海量数据，而且能将非结构化数据有效地转化为结构化数据进行分析。此外，人工智能的自然语言处理技术，能从语义层面上对数据进行分析，而不仅是停留在符号处理上，这使人工智能在数据分析和数据挖掘等方面具备无可比拟的优势①。

第三，具备可迁移性。与人类大脑不同，人工智能系统内的算法和数据可被快速复制，并低成本迁移至其他机器设备。这极大地降低了其他机器设备配置人工智能系统的成本，使人工智能系统能以较低价格推向

① 樊旼旼，曲双石．金融产业升级，从互联网到人工智能［J］．当代金融家，2016.

市场。

第四，具备自主完善功能。当人工智能执行操作时，若发现当前算法在处理任务时速度比较慢或者占用的空间比较大，人工智能可通过自主学习，对算法进行调整，使算法的处理速度更快、占用空间更小或者依赖假设更少。此外，人工智能的自主完善过程是一个递归过程①，也就是说，前一阶段的自主完善，有助于人工智能发现现阶段的不足，实现更进一步的自主完善。

4. 人工智能的操作流程

人工智能的操作流程主要包括智能感知、智能处理和智能反馈三个步骤。

智能感知为人工智能操作流程中的第一步，是指机器通过计算机视觉、语音识别以及自然语言处理等技术，收集外部环境的数据，为智能处理和智能反馈提供信息源。

智能处理是指计算机模拟人类的思维过程，对前期智能感知得到的数据信息进行分析处理，具体包括对信息进行自我学习、信息检索、逻辑判断等，并在分析的基础上做出对应的决策。

智能反馈是指计算机将前期处理和决策的结果以一定的方式进行反馈，具体的反馈方式包括机器人的行为动作或人机交互界面等其他外部设备。

（二）人工智能的学派

在人工智能的发展过程中，不同领域的学者对人工智能的定义、基础理论、实现方式等问题持有不同看法，由此诞生了人工智能三个主要学派：符号主义、联结主义和行为主义。这三个学派相互怀疑、相互批评，也相互借鉴、取长补短，共同推动了人工智能的发展。

1. 符号主义

符号主义又称为逻辑主义、心理学派或计算机学派，主要原理是物理

---

① Sotala, Kaj. Advantages of Artificial Intelligences, Uploads, and Digital Minds [J]. International Journal of Machine Consciousness, 2012.

符号系统假说。纽厄尔和西蒙在1958年提出物理符号系统假说，并在1972年发表的《人类的问题解决》中加以解释：人类的思维体系与计算机系统一样，都属于物理符号系统。无论在形式和结构上存在多大差异，其本质都是具备产生、接收、操作、处理符号能力的系统。

符号主义学者持以下三个观点：其一，人的认知基元是符号，认知过程即符号操作过程。其二，人是一个物理符号系统，计算机也是一个物理符号系统，因此，能用计算机来模拟人的智能行为。其三，知识是信息的一种形式，是构成智能的基础。人工智能的核心问题是知识表示、知识推理和知识运用[①]。

然而，随着人工智能研究的问题日益复杂，符号主义开始陷入困境。一方面，计算机很难应对自然语言复杂多变的现象，有些问题甚至无法用符号描述。另一方面，符号主义面临“组合爆炸”[②]问题。符号主义的智能模型一般采用穷举法，若是问题较为复杂，很容易耗尽计算机的计算资源。

2. 联结主义

联结主义又称为仿生学派或生理学派，原理是神经网络及神经网络间的连接机制与学习算法。联结主义主张人工智能应着重于结构模拟，即模拟人的生理神经网络结构，并认为功能、结构和智能行为是密切相关的，不同结构表现出不同的功能和行为[③]。联结主义的代表性成果包括1943年由生物学家麦卡洛克（Mc Culloch）和数理逻辑学家皮茨（Pitts）创立的神经网络和数学模型（MP模型）、Hopfield教授在1982年和1984年发表的两篇论文中提出的硬件模拟神经网络、1986年鲁梅哈特（Rumelhart）等人提出的多层网络反向传播（BP）算法以及2006年Geoffrey Hinton等人提出的深度学习（Deep Learning）。

联结主义与符号主义不同，联结主义学者认为思维基元是神经元，而非符号处理过程。此外，联结主义反对物理符号系统，认为人脑不同于电脑，

---

① 蔡自兴．人工智能及其应用：研究生用书［M］．北京：清华大学出版社，2004.

② “组合爆炸”是指随着元素增加，元素间的组合数量便可能会出现几何倍数的增长。

③ 蔡自兴．人工智能学派及其在理论、方法上的观点［J］．高技术通讯，1995（5）：55－57.

并提出联结主义的大脑工作模式，用于取代符号操作的电脑工作模式。

3. 行为主义

行为主义又称为进化主义或控制论学派，原理是控制论及“感知—动作型”控制系统。行为主义学者认为行为是有机体用以适应环境变化的各种身体反应的组合，智能行为必须在现实世界中，通过与周围环境进行交互才能表现出来。人工智能可以在与周围环境进行交互的过程中，像人类智能一样逐步进化，所以其研制核心应当是行为模拟，而无须知识表示、推理和应用。行为主义的代表性成果是布鲁克斯（Brooks）研制的六足行走机器人，该机器人基于感知—动作模式，模拟昆虫行为。

行为主义与符号主义和联结主义最大的区别是其摒弃了内省的思维过程，将智能建立在可观测的行为活动上，所以以行为主义为基础构建的智能系统一般是自下而上的。这导致其他学派怀疑行为主义只能创造出智能昆虫行为，而无法创造人类智能行为。

（三）人工智能的细分领域

人工智能正处于蓬勃发展阶段，对其展开的研究已形成若干个核心课题。根据核心课题的不同，可以将人工智能的研究领域细分，具体的细分领域包括模式识别、专家系统、自然语言识别、机器学习、机器人和知识图谱等。

1. 模式识别

模式识别指计算机使用数学技术方法对外界环境进行识别。这是人工智能对人类感知能力的模拟，能够让计算机像人一样通过感官识别并接受外界的信息，理解周边环境的变化。现阶段在市场上得到广泛应用的指纹识别、人脸识别和语音识别等，都属于模式识别的范畴。

2. 专家系统

专家系统是一个智能计算机程序系统，系统拥有某个领域大量的知识和经验以及专家解决实际问题的推理机制。系统能对输入的数据进行处理，根据拥有的知识和经验，模拟专家的决策过程，来解决那些原本需要专家才能解决的问题。当前，专家系统已在农业、商业、化学、通信、计算机系统、医学等领域获得广泛运用。

3. 自然语言处理

自然语言是人类之间进行信息交流的主要方式。人类能够理解自然语言，彼此之间进行交流特别方便。自然语言处理是指让计算机系统能够识别人类自然语言的一种技术，从而让计算机和人类之间的信息交流更加轻松自如。

4. 机器学习

机器学习专门研究计算机如何模拟或实现人类的学习行为，以获取新的知识或技能，并重新组织已有的知识结构使其不断改善自身的性能，具体是指让计算机对大量数据进行学习，从而成为该领域的专家，解决该领域的复杂问题。比如，通过廉价的方式收集大量的人脸和非人脸图像，再设计一个算法，让计算机完成对这些图像的学习，当下一次再输入图像时，计算机就可以轻松识别该图像是否为人脸图像。

5. 机器人

机器人可以分为一般机器人和智能机器人。一般机器人是自动执行工作的机械装置，由执行机构、驱动装置、检测装置、控制系统和复杂机械等组成，通过人类指挥或者预先编制的程序执行工作，也可以通过人工智能技术制定的原则进行行动。智能机器人目前尚无统一定义，但一般认为智能机器人至少要具备以下三个要素：一是感觉要素，用来感知周围环境状态；二是运动要素，对外界做出反应性动作；三是思考要素，根据感觉要素所得到的信息，思考采用什么样的动作。

6. 知识图谱

知识图谱，又称为科学知识图谱，是一种基于图的数据结构，由节点和连线构成。节点表示现实世界中存在的“实体”，连线表示不同“实体”之间的“关系”。知识图谱用可视化技术描述“实体”，挖掘、分析、构建、绘制和显示不同“实体”之间的“关系”，从“关系”的角度分析问题。

2012年5月，Google在其搜索引擎中首次引入“知识图谱”，使用户不仅能得到搜索网页链接，还可以看到与查询词有关的资料。比如，当用户输入“Marie Curie”（玛丽·居里）这个关键词，Google 会在右侧提供居里夫人的详细信息，如个人简介、出生地点、生卒年月等，甚至还包括一些与居里夫人有关的历史人物，包括爱因斯坦、皮埃尔·居里（居里夫人的丈夫）等[①]。

（四）人工智能的发展现状

1. 人工智能的技术成熟度

在 Gartner 公司发布的《2016 年度新兴技术成熟度曲线》中，共有 16 项新兴技术首次进入成熟度曲线，其中人工智能技术占比超过 50%，包括通用机器智能、情景经纪和神经形态硬件等。此外，随着智能手机语音助手使用率的快速增长和智能机器人领域的大规模并购，虚拟个人助理和智能机器人在新兴技术成熟度曲线上的位置明显前移。在 Gartner 公司发布的《2017 年度新兴技术成熟度曲线》中，智能机器人、虚拟助理、深度学习等 13 项人工智能技术处在期望膨胀期，智能人工智能也开始进入触发期。

随着深度学习算法的普及，图像处理技术有了很大提升，已经接近人眼视觉能力；语音识别准确率达到 95%，已经接近人类听觉能力；开放领域的语义理解准确率达 60% ~70%，垂直领域的语义理解准确率达 95%。这意味着专用人工智能已经基本成熟。但是，真正意义上完备的人工智能系统应该是通用的智能系统，而非专用的智能系统，从专用人工智能到通用人工智能还有很长的路要走。

2. 人工智能的市场概况

在 Google、IBM 以及 Facebook 等领军企业的带领下，全球对人工智能的关注度不断提升，截至 2015 年，全球人工智能市场规模达到 1683. 9 亿元，预计 2018 年将达到 2697. 3 亿元，复合增长率达到 17%。中国的人工智能市场受益于政策东风和下游的需求，截至 2015 年，市场规模达到 203. 9 亿元，预计 2018 年将达到 361 亿元，复合增长率为 21%，高于国际

① 刘知远，崔安欣．大数据智能：互联网时代的机器学习和自然语言处理技术［M］．北京：电子工业出版社，2016.

市场的平均水平①。

从投资规模来看，截至 2015 年，全球人工智能的投资规模为 484 亿元，英国广播公司（BBC）预测人工智能投资市场在近年仍会有高速发展，预计到 2020 年，全球人工智能市场将会达到 1190 亿元。2015 年，中国投资人工智能的机构数量达到 48 家，投资额达到 14.2 亿元，同比增长分别为 71.4% 和 75.7%，在投资总额中，语音识别占 60%，视觉识别占 12.5%，图像处理和机器学习等其他种类占 27.5%，预计到 2020 年，中国的人工智能投资规模可以达到 91 亿元。

3. 人工智能政策环境分析

（1）联合国“注重伦理道德和安全问题”

联合国作为国际组织，其制定的人工智能政策以全人类的利益作为出发点和立足点，着重关注伦理道德和安全问题。

早在 2014 年，联合国就计划起草了一份《特定常规武器公约》，目的是限制人工智能杀手武器的研制。2016 年，123 个缔结《特定常规武器公约》的国家代表同意将于 2017 年在日内瓦举行的联合国大会上，就禁止非人为操控、可自行选择并袭击目标的致命性人工智能武器系统展开讨论。

2016 年，联合国教科文组织（UNESCO）与世界科学知识与技术伦理委员会（COMEST）联合发布了《机器人伦理初步报告草案》。该报告指出了机器人制造和部署的伦理道德问题和责任分担机制，并强调了可追溯性的重要性，即让机器人的行为及决策全程处于监管之下。

2017 年 6 月，联合国国际电信联盟在日内瓦举行了“人工智能造福人类”全球峰会。峰会主要探讨了如何加速人工智能解决方案的发展和大众化进程，以应对贫困、饥饿、健康、教育、平等和环境保护等全球性挑战。此外，峰会也就人工智能的最新发展及其对监管、道德以及安全与隐私等问题的影响展开了讨论。

（2）美国“推动人工智能创新和效用最大化并减少负面影响”

人工智能在美国国家发展中的战略地位正日益提升。2016 年 10 月至

---

① 赛迪研究院.2016 中国人工智能产业演进及投资价值研究［R］. 2016.

12 月，美国白宫科技政策办公室（OSTP）陆续发布了《为人工智能的未来做好准备》《国家人工智能研究和发展战略计划》和《人工智能、自动化与经济报告》3 份以人工智能为主题的报告。

《为人工智能的未来做好准备》系统梳理了人工智能简史、概念和发展现状，并以此为基础分析了人工智能在教育、经济、国防、环保、司法等领域的应用。此外，报告指出了人工智能应用带来的潜在公共政策问题，并有针对性地提出了 23 条建议措施。最后，该报告提出政府可以发挥多方面的作用以促进人工智能的发展，包括召集各方就重要问题进行交流、监督人工智能应用的安全性和公平性、制定规章制度以保护大众和鼓励创新。同时，政府自身也能通过应用人工智能，更快捷、高效、经济地服务大众。

为了推动人工智能创新和效用最大化并减少负面影响，《国家人工智能研究和发展战略计划》提出了七大战略方向：①对人工智能研究进行长期投资；②开发有效的人机协作方法；③了解并解决人工智能的伦理、法律和社会学影响；④确保人工智能系统的安全可靠；⑤开发适用于人工智能培训和测试的公共共享数据集和环境；⑥通过标准和基准以测量和评估人工智能技术；⑦更好地了解国家人工智能的人力需求。此外，该计划还提出了两个方面的建议：一是开发一个人工智能研发实施框架，以抓住科技机遇，并支持人工智能研发投资的有效协调，与该计划的第一至第六项战略保持一致；二是研究创建和维持一个健全的人工智能研发队伍的国家愿景，与该计划的第七项战略保持一致。

《人工智能、自动化与经济报告》研究了人工智能技术和自动化技术对经济的影响。一方面，人工智能能提升社会劳动生产率，这通常意味着工人的平均工资增加，工作时长减少，并能享受更多的商品和服务。另一方面，人工智能将会使就业市场的需求发生变化，导致一部分工作岗位消失，引发社会就业问题，加剧社会不平等。为应对人工智能带来的不利影响，该报告还提供了三大战略：①投资和开发对社会有益的人工智能；②提供教育和培训，为未来的工作做好准备；③帮助转型过程中的工人并赋予其权利，确保其可以广泛共享由人工智能带来的经济增长收益。

(3) 英国“强调个人数据安全保护”

作为在人工智能道德标准及政府监管研究领域的领先者，英国在2016年发布了《人工智能对未来决策的机会和影响》和《机器人技术和人工智能》两份报告。报告在分析人工智能带来的伦理道德和法律问题时，强调了人工智能对个人数据安全的潜在威胁。

2016年，英国科学办公室（Government Office of Science）发布了《人工智能对未来决策的机会和影响》。报告考察了人工智能在工业领域的应用，并指出人工智能在政府层面大规模使用的潜在可能性。此外，报告还指出人工智能的发展与应用可能会产生一系列的法律与伦理道德问题，所以在应用人工智能时需要考虑以下两点：第一，应该考虑并理解网络上不断快速增长的个人信息总量和有效的机器学习两者结合所带来的潜在影响，这可能会对个人的数据安全、隐私等基本的个人自由权利产生威胁；第二，应该考虑建立明确的规则确保人工智能机器决策过程的透明性和可归责性。

2016年10月，英国下议院的科学和技术委员会（Science and Technology Committee）还发布了《机器人技术和人工智能》。报告阐述了人工智能的创新发展带来的潜在伦理道德与监管挑战，尝试寻找能够最大化这些科技进步的社会经济效益以及最小化其潜在威胁的解决途径。此外，报告还强调在人工智能技术越来越融入社会的情况下，建立和保持公众对于政府的信任至关重要①。

(4) 中国“制定发展目标，鼓励发展人工智能”

为了促进人工智能的发展，让中国人工智能产业竞争力进入国际第一方阵，中国政府制订了人工智能三年行动实施方案和三步走总体战略部署。与其他国家相比，中国对人工智能的支持力度更大，但较少关注人工智能的道德伦理问题。

2016年5月，国家发展改革委、科技部、工业和信息化部、中央网信办共同制订了《“互联网+”人工智能三年行动实施方案》。方案提出要加强人工智能应用创新，引导产业集聚发展，促进人工智能在国民经济社会

---

① 腾讯研究院．人工智能各国战略解读：英国人工智能的未来监管措施与目标概述［J］．电信网技术，2017（2）：32－39.

重点领域的推广。计划到2018年，中国人工智能的总体技术和产业发展能与国际同步，应用及系统级技术局部领先，并初步建成基础坚实、创新活跃、开放协作、绿色安全的人工智能产业生态，形成千亿元级的人工智能市场应用规模。

2017年7月，国务院印发了《新一代人工智能发展规划的通知》。通知提出人工智能分三步走的总体战略部署：第一步，到2020年人工智能总体技术和应用与世界先进水平同步，人工智能产业成为新的重要经济增长点，人工智能技术应用成为改善民生的新途径，有力支撑进入创新型国家行列和实现全面建成小康社会的奋斗目标。第二步，到2025年人工智能基础理论实现重大突破，部分技术与应用达到世界领先水平，人工智能成为带动我国产业升级和经济转型的主要动力，智能社会建设取得积极进展。第三步，到2030年人工智能理论、技术与应用总体达到世界领先水平，成为世界主要人工智能创新中心，智能经济、智能社会取得明显成效，为跻身创新型国家前列和经济强国奠定重要基础。

2017年11月，科技部召开新一代人工智能发展规划暨重大科技项目启动会。会上公布了首批国家人工智能开放创新平台名单：（1）依托百度公司建设自动驾驶国家新一代人工智能开放创新平台；（2）依托阿里云公司建设城市大脑国家新一代人工智能开放创新平台；（3）依托腾讯公司建设医疗影像国家新一代人工智能开放创新平台；（4）依托科大讯飞公司建设智能语音国家新一代人工智能开放创新平台。此外，会议还宣布成立新一代人工智能发展规划推进办公室和新一代人工智能战略咨询委员会。

此外，在国务院发布的《“互联网+”行动指导意见》《“十三五”国家科技创新规划》以及国家发展改革委办公厅发布的《关于请组织申报“互联网+”领域创新能力建设专项的通知》中，也都提出要培育发展人工智能新兴产业，鼓励智能化创新。

（五）人工智能的应用现状

1. 商业服务领域的应用

人工智能已广泛应用在商业服务领域。以智能客服为例，据中国电子商务协会客户联络中心专委会和网易七鱼联合颁布的《客服行业白皮书》，31.5%的受访客服表示企业已经在使用智能客服系统，34.5%的受访客服表示预计企业在一年内将引入智能客服系统。智能客服的互动性强，有利于增强与客户的沟通效果。此外，与人工客服相比，智能客服能并行服务上百个客户，并快速处理和反馈用户反映的问题，在效率上远高于人工客服。

表 5-3　智能客服和人工客服对比①

	智能客服	人工客服
客户沟通	并行服务人数大于 100	并行服务人数小于 4
	响应速度：毫秒级别	响应速度：分钟级别
	大于 1000 条的知识库	知识储备因人而异
	语言标准，态度统一	语言态度因人而定
数据反馈	数据处理快，可以快速反馈	人工再次处理数据，数据反馈慢

2. 金融领域的应用

人工智能在数据信息处理方面具有天然的优势，不仅能够高效处理大量级的数据，而且能够将非结构化数据有效地转化为结构化数据进行分析。此外，人工智能还具有自然语言处理的能力，能从语义层面上对数据信息进行分析，而不仅仅是停留在符号处理上。这不仅能帮助金融从业人员从数以亿计的新闻中筛选出具有较强相关性的新闻，还能帮助从业人员从中提炼出有价值的信息，提高从业人员的信息搜索效率。比如，Alpha Sense 把券商研究报告、证监会文件以及新闻稿等公开或授权的金融信息聚集在一起，通过专有的自然语言处理和机器学习算法，帮助投资者透过噪声，筛选出关键性、有效性的数据信息，从而节省金融从业人员花在信息搜索上的时间，将更多的时间用于复杂的逻辑判断和分析。

人工智能可根据用户提供和线上搜索到的信息，辨别出欺诈交易。以 PayPal 为例，PayPal 为防止犯罪分子利用平台洗钱，开发了一套基于深度学习的安全系统。该系统从消费者十多年的购买历史中挖掘需要的数据，除了审查储存在数据库中疑似欺诈的信号模式，还能够辨别可疑的交易账

① 艾瑞咨询. 2015 年中国人工智能应用市场研究报告［R］. 北京：2016.

单是否为失误操作。在该系统的帮助下，PayPal 平台上的交易欺诈率维持在 0.32%，远低于行业内平均 1.32% 的欺诈率。

智能投顾是人工智能在投顾领域应用的产物。智能投顾基于投资者填写的问卷，在有限或者没有人为参与的情况下，在线自动为投资者提供专业的资产组合管理服务。智能投顾的整个流程主要由机器自动完成，耗费的成本较低，所以用户的准入门槛一般较低，甚至不存在准入门槛，低净值用户也能像高净值用户一样获得服务，从而有效解决“10 万美元困境”①，提高投顾服务的覆盖面。

3. 教育领域的应用

人工智能在教育领域也有广阔的应用前景。当前，乂学教育和沪江网校等教育平台都在研制或应用基于人工智能的自适应学习系统。自适应学习系统通过分析学生的数据，为学生匹配适当难度的习题和教学视频，实现最大化教学效果。有些自适应学习系统甚至能根据学生的兴趣爱好准备习题，真正实现“个性化”教学。在学生完成习题后，自适应学习系统能帮助学生整理错题集，通过数据挖掘和算法找到学生的薄弱点，并推荐最合适的习题以填补学生的知识漏洞。此外，自学习系统通过知识图谱，可以把独立的知识点串起来，不仅能帮助学生从全局进行把控，不易遗漏重点内容，还能帮助学生总结知识点之间的差异性和相同性，提高学习效率。

三、大数据技术

（一）大数据的定义

“大数据”一词源于未来学家托夫勒在 1980 年所著的《第三次浪潮》。最早开始对大数据进行应用探索的是 2005 年雅虎公司的 Hadoop 项目。2012 年 1 月达沃斯世界经济论坛发布《大数据，大影响》报告，宣称数据已成为一种新的经济资产类别，像货币和黄金一样，是 21 世纪的石油。中

① “10 万美元困境”是指拥有 10 万美元的用户，很难从传统金融机构得到所需的投顾服务。

国工程院院士倪光南在 2016 年第三届世界互联网大会中提出把大数据作为生产力会推动生产关系和社会的发展，创造无穷无尽的财富，甚至会对思维的发展造成很大的变革。

截至目前，大数据仍是一个较为抽象的概念，正如信息学领域大多数新兴概念一样，大数据至今尚无确切、统一的定义。表 5－4 梳理了国际权威机构对大数据的主流定义，将会对理解大数据的定义有一定的启示作用①。

表 5－4　　权威机构对大数据的主流定义

下定义的机构	大数据的具体内涵	备注
Gartner Group	需要新处理模式才能具有更强的决策力、洞察发现力和流程优化能力的海量、高增长率和多样化的信息资产	定义那些超出正常处理范围和大小、迫使用户采用非传统处理方法的数据集
McKinsey Global Institute	大小超出了典型数据库软件的采集、储存、管理和分析等能力的数据集	符合大数据标准的数据集会随着时间推移、技术进步而增长；不同部门符合大数据标准的数据集大小会存在差别
Wikipedia（维基百科）	使用现有数据库管理工具或传统数据处理应用很难处理的大型而复杂的数据集	其挑战包括采集、管理、存储、搜索、共享、分析和可视化
IBM 商业价值研究院	大数据涵盖数量规模达到 PB 级，数据形式多样化、数据运行速度快以及数据的不确定性	最有效的大数据解决方案首先识别业务要求，然后定制基础架构、数据源和分析方法，以支持业务机会
美国国家标准和技术研究院（NIST）	数据的容量、数据的获取速度或者数据的表示限制了使用传统关系方法对数据的分析处理能力，需要使用水平扩展的机制以提高处理效率。可细分为大数据科学和大数据框架	大数据科学是涵盖大数据获取、调节和评估技术的研究；大数据框架则是在计算单元集群间解决大数据问题的分布式处理和分析的软件库及算法

在商业领域，大数据思维是一种新的思维观，开启了一次重大的时代

① McKinsey Global Institute. Big Data: The Next Frontier for Innovation, Competition, and Productivity［R］. 2011.

转型[①]。用数据说话、用数据决策、用数据管理、用数据创新，用大数据思维方式思考问题，解决问题是当下企业潮流[②]。“大数据”的关键是在种类繁多、数量庞大的数据中，快速获取信息，发现相关性来识别商业趋势、确定研究的质量、预防疾病、法律引用链接、打击犯罪以及实时确定道路交通状态等。

总而言之，“大数据 = 海量数据 + 复杂类型的数据”。大数据作为多样化的海量数据资产信息，需要新处理模式才能具有更强的决策力、洞察发现力和流程优化能力。大数据的意义在于通过对海量数据的交换、整合和分析，发现新的知识，创造新的价值[③]。大数据监测预警金融风险是将金融杂乱无章的风险信息转化为智能数据决策活动，从而提供金融风险评估和监测预警能力。

（二）大数据的特征

目前对于大数据的特征认可度较高的是 3V 特性，即数据的规模性（Volume）、高速性（Velocity）以及数据结构多样性（Variety）。但是，认识度较为统一的是大数据有四个基本特征：数据规模大（Volume）、数据种类多（Variety）、数据要求处理速度快（Velocity）和数据价值密度低（Value），即所谓的4V 特性。认识度更全的是 IBM 提出的大数据 5V 特点：大量（Volume）、高速（Velocity）、多样（Variety）、低价值密度（Value）和真实性（Veracity）。彭宇等研究者梳理了不同的公司以及研究机构对大数据特性描述的演化，如表 5 – 5 所示。

表 5 – 5　　大数据特性描述的演化情况

<table>
<tr><th>特性</th><th>提出时间</th><th>作者或研究机构</th><th>内涵</th></tr>
<tr><td>规模性（Volume）</td><td rowspan="3">2001 年</td><td rowspan="3">Douglaney（Gartner Meta Group Research）</td><td>数据量大</td></tr>
<tr><td>高速性（Velocity）</td><td>数据分析和处理速度快</td></tr>
<tr><td>多样性（Variety）</td><td>数据类型多样</td></tr>
</table>

① IDC. 中国互联网市场洞见：互联网大数据技术创新研究［R］. 2012.

② IBM 商业价值研究院 . 分析：大数据在现实世界中的应用［R］. 2012.

③ 涂子沛 . 大数据［M］. 桂林：广西师范大学出版社，2012.

续表

特性	提出时间	作者或研究机构	内涵
价值性（Value）	2012 年	IDC	价值稀疏性
真实性（Veracity）	2012 年	IBM	数据反映客观事实
易变性（Variability）	2012 年	Brian Hopkins 和 Boris Evelson（Forrester）	大数据具有多层结构

以上特性使大数据区别于传统的数据概念。大数据的概念与“海量数据”不同，后者只强调数据的量，而大数据不仅用来描述大量的数据，还更进一步地指出数据的复杂形式、数据的快速时间特性以及对数据的分析、处理等专业化处理，最终获得有价值信息的能力。下面详细说明大数据认识度较为统一的四个基本特征。

其一，数据规模大。大数据聚合在一起的数据量是非常大的，根据IDC 的定义，大数据至少是超过 100TB 的可供分析的数据，数据量大是大数据的基本属性。随着技术的发展，样本数目将逐渐逼近原始的总体数据。在某些特定的应用领域，样本数据可能远不能描述整个事物，可能丢掉大量重要细节，甚至可能得到完全相反的结论。因此，当今有直接处理所有数据而不是只考虑采样数据的趋势，使用所有的数据可以带来更高的精确性，从更多的细节来解释事物属性，同时必然使要处理的数据量显著增多。

其二，数据类型多样化。在数据规模激增的同时，新的数据类型层出不穷，已经很难用一种或几种规定的模式来表示日趋复杂、多样的数据形式。这样的数据已经不能用传统的数据库表格来整齐地排列、表示。大数据处理与传统数据处理最大的不同就是重点关注非结构化信息，大数据关注包含大量细节信息的非结构化数据，强调小众化、体验化，这使传统的数据处理方式面临巨大的挑战。

其三，数据处理速度快。大数据时代，数据呈爆炸的形式快速增长，新数据不断涌现，快速增长的数据量要求数据处理的速度也要相应地提升，才能使大量的数据得到有效的利用。特别是对大数据商业应用领域而言，很多情况下都必须要在 1 秒钟或者瞬间内形成结果，否则处理结果就是过时或无效的，这种情况下，大数据要求快速、持续的实时处理。对不断激增的海量数据的实时处理要求，是大数据与传统海量数据处理技术的关键差别之一。

其四，数据价值密度低。数据价值密度低是大数据关注的非结构化数据的重要属性。大数据为了获取事物的全部细节，不对事物进行抽象、归纳等处理，直接采用原始的数据，保留了数据的原貌，且通常不对数据进行采样，直接采用全体数据。由于减少了采样和抽象，呈现所有数据和全部细节信息，可以分析更多的信息，但也引入了大量没有意义的信息，甚至是错误的信息。因此对于特定的应用，大数据关注的非结构化数据的价值密度偏低。

（三）大数据的处理流程

大数据的出现颠覆了传统数据处理的一系列技术，如大数据获取方式的改变导致数据规模迅速膨胀，相对于传统的数据库系统，其索引、查询以及存储都面临着严峻的考验，而且怎样快速地完成大数据的分析也是传统数据分析方法无法解决的①。

针对规模大、速度快、数据多样、价值密度低的大数据，大数据处理技术体系主要涉及大数据的采集技术、存储技术、分析及挖掘技术、可视化呈现技术和辅助决策四大部分（见图 5－2）。

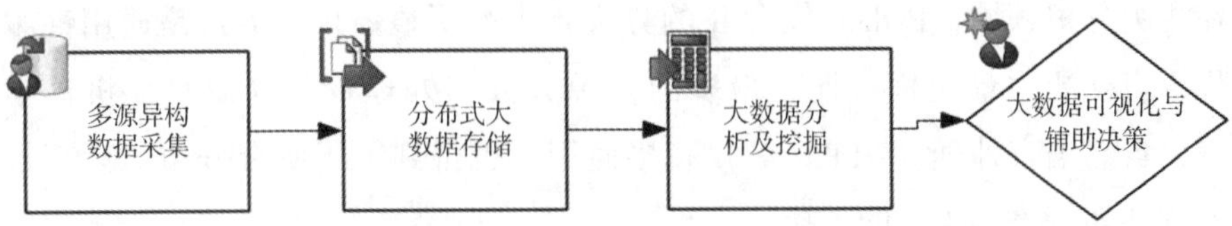

图 5－2　大数据处理的基本流程

多源化数据采集。来自不同领域的大数据，其特点、数据量以及用户数目不同，按照结构特点，可划分为三种类型：结构化数据、半结构化数

① 彭宇，庞景月，刘大同，彭喜元．大数据：内涵、技术体系与展望［J］．电子测量与仪器学报，2015，29（4）：469－482.

据以及非结构化数据。大数据采集的挑战是并发数高、流式数据速度快。不同领域对应的数据采集方法以及工具也不同，如互联网领域中，用于日志采集的大数据获取工具，Hadoop 的 Chukwa、Cloudera 的 Flume、Facebook 的 Scribe、LinkedIn 的 Kafka 等，用于网络数据采集的网络爬虫或网站公开 API 等方式。

分布式存储方式。改进的轻型数据库可用于完成大数据的存储并响应用户的简单查询与处理请求，而当数据量超过轻型数据库的存储能力时，则需要借助于大型分布式数据库或存储集群平台。大数据存储的轻型数据库包括关系型数据库（SQL）、非关系型数据库（NoSQL）以及新型数据库（NewSQL）。当用户提出大数据分析以及复杂的挖掘请求或数据量已经远超过轻型数据库的存储能力时，应将大数据导入大型分布式存储数据库或者分布式存储集群。目前典型的大数据存储平台包括 Hadoop、Spark、HANA 等。

大数据分析及挖掘。大数据的分析涉及简单的统计分析以及分类汇总，其挑战在于导入数据量大，查询请求多，而大数据挖掘涉及数据的分类、聚类、频繁项挖掘等，其算法复杂，计算量大。目前，比较流行并适合大数据分析的编程语言为 R 语言，其具有丰富的统计分析功能库以及可视化绘图函数可以直接调用。通过 Hadoop－R 更可支持处理百亿级别的数据。相比 SAS，其计算能力更强，可解决更复杂更大数据规模的问题。Python 语言最大的优势是在文本处理以及大数据量处理场景，且易于开发。在相关分析领域，Python 代替 R 的势头越来越明显。Java 语言是通用性编程语言，能力最全面，拥有最多的开源大数据处理资源（统计、机器学习、自然语言处理（NLP）等）直接使用，也得到了于所有分布式计算框架（Hadoop/Spark）的支持。

大数据可视化与辅助决策。大数据的分析及挖掘结果将在显示终端以友好、形象、易于理解的形式呈现，以供专业人士分析或为用户提供决策信息支持。大数据呈现的挑战在于数据维度高、呈现需求多样化。大数据处理环节中各技术功能的相互配合使用可为大数据价值的有效实现提供技术基础。企业级的大数据可视化工具包括 Tableau，数据可视化工具库包括 D3. js、Google Chart API、R、Gephi 等。

辅助决策是大数据最根本的意义。利用大数据分析，能够总结经验、发现规律、预测趋势，这些都可以为辅助决策服务。大数据本身不产生价值，大数据必须和其他具体的领域、行业相结合，能够给企业决策提供帮助后，才具有价值。

综上所述，大数据对统计分析最直接的冲击莫过于数据收集方式的变革，同时统计分析的视野也不再局限于传统的属性数据，而是包括了关系数据、非结构数据、半结构数据等其他类型更丰富的数据。与传统研究相比，大数据方法在数据方面强调整体性和混杂性，在逻辑方面强调相关关系。张云泉等（2015）指出数据科学的思维是大数据应用的原理，在大量数据上做统计性的搜索、比较、聚类或分类等分析归纳，其结论是一种相关性，而并非一定是某种因果关系①，也就是说，依赖大量数据的计算，用大量数据的相关性取代了因果关系和严格的理论和模型，并基于这些相关性获得新的“知识”。

（四）大数据发展现状

大数据时代，数据正在成为资产，利用大数据分析，能够总结经验、发现规律、预测趋势、辅助决策，充分释放和利用海量数据资源中蕴含的巨大价值。大数据的出现对若干传统产业产生了颠覆性冲击，加剧了产业的垂直整合趋势，掀起了企业内部的组织变革。大数据的发展将对经济社会发展乃至人们的思维观念带来革命性的影响，同时也能够为国家发展提供战略性的机遇。大数据发展现状重点突出以下三点。

1. 大数据产业发展规模

大数据的研究与应用已经在互联网、商业智能、咨询与服务以及医疗服务、零售业、金融业、通信等行业显现，并产生了巨大的社会价值和产业空间。随着大数据的广泛深入应用，人类社会逐渐走向数据经济时代，同时数据资源也逐渐成为国家重要的战略资源和核心创新要素。

通常认为，大数据产业核心层主要是指围绕大数据采集、存储、管理

---

① 张云泉，徐葳，龙桂鲁．数据科学：问题导向的交叉学科创新［J］．科学通报，2015，60（5－6）：425－426.

和挖掘等环节所形成的产业链条。据国际知名咨询公司 Gartner 预测，2016 年全球大数据相关产业规模将达到 2320 亿美元。根据国务院《促进大数据发展行动纲要》的目标，中国电子信息产业发展研究院预测 2020 年我国大数据核心产业发展规模将达到 1 万亿元，我国大数据关联产业产值将达到 10 万亿元，大数据融合产业产值将达到 20 万亿元，我国大数据产业发展规模预测见图 5 -3。

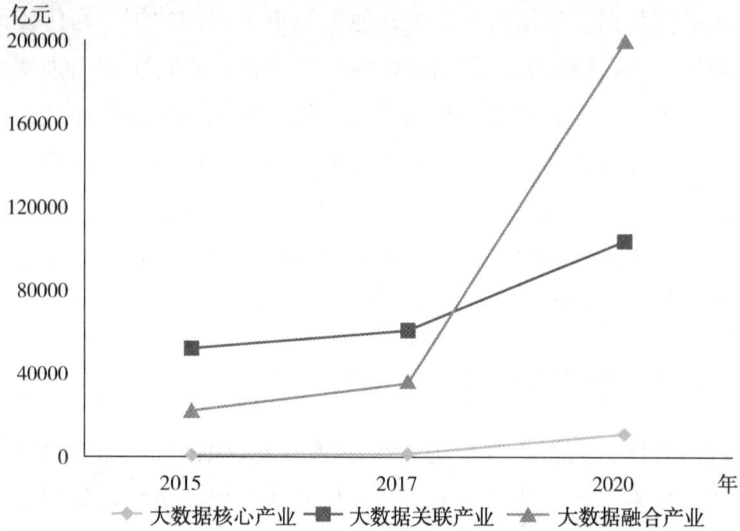

资料来源：中国电子信息产业发展研究院。

图 5 -3　中国大数据产业发展规模预测

2. 大数据的应用现状

大数据的意义在于提供“大见解”，从不同来源收集信息，然后分析信息，以揭示用其他方法发现不了的趋势。大数据应用就是利用数据分析的方法，从大数据中挖掘有效信息，为用户提供辅助决策，实现大数据价值的过程。大数据在企业商业智能、公共服务和市场营销等领域拥有巨大的应用潜力和商机。具体来说，大数据的应用可分为以下几个方面。

（1）商业智能领域的应用

大数据商业智能可有效提高企业运营活动的效率。如零售企业运用最先进的计算机和各种通信技术对变化中的消费需求迅速做出反应。此外，零售企业在选择上架产品时，为确保提供式样新颖的商品，可通过数据挖掘技术对消费者的消费行为以及趋势进行分析。在制定定价、广告等策略时，对消费群体进行大数据分析，并结合客户的购物习惯，提供一致的个性化购物体验，以提高客户忠诚度。从微博等社交媒体中挖掘实时数据，同时整合实际销售信息便于了解市场发展趋势、理解客户的消费行为并为将来制定更加有针对性的策略。

（2）金融领域的应用

国外的益百利、ZestFinance 等公司已利用大数据技术完善传统信用评估体系的前瞻性研究及实践，国内的阿里巴巴、京东等互联网巨头也开始运用大数据为用户提供金融服务，各类互联网金融产品纷纷涌现。大数据分析是金融业客户关系管理的发展方向，是未来新型精准营销的发展方向。大量客户将资金转向互联网领域，获得高投资回报，并广泛关注互联网金融风险研究。

（3）公共设施方面的应用

美国是大数据发展的领跑者，美国政府一直积极出台大数据相关政策。现今，美国的大数据产业发展广泛渗透到经济、政治、教育、安全和社会管理等领域，步入大规模商业化阶段。例如，夏威夷利用大数据技术防海啸警报，可以及时获取所有报警器的实时数据，避免了海啸发生前由于数据无法准确掌握造成的重大损失；拉斯维加斯政府利用大数据开发了城市的市政基础设施网络仿真模型，全面掌握市政管网信息；加州电网系统运营中心利用大数据平衡全网电力供应和需求，对潜在危机做出快速响应。

（4）预测警务方面的应用

大数据具有预警、预知、预测经济犯罪的功能，利用大数据技术，警方能通过提前干预来预防犯罪，或是使用统计预测来化解犯罪问题，如通过大数据预测犯罪风险高的地点和时间点、预测潜在的未来罪犯、建立过去犯罪的档案和预测可能的受害者群体。欧洲警方和 MIT 研究人员更进一步，利用运营商掌握的手机信息，通过算法绘制了伦敦的犯罪事件预测地图，能够大大提高出警效率，降低警力部署成本。洛杉矶警方利用基于余震预测的模型预防犯罪，成功地把辖区里的盗窃犯罪降低了 33%，暴力犯罪降低了 21%，财产类犯罪降低了 12%。纽约和圣地亚哥等城市利用大数据建立了一种风险等级模型，通过现有的数据可以提供警力部署方案，在预防犯罪方面发挥着奇效，更好地维护社会公共安全。

（5）公共交通创新应用

里昂政府应用IBM开发的“决策支持系统优化器”，利用大数据优化公共交通，获取实时交通报告，避免交通堵塞的发生，减少堵车对市民的影响。

新加坡的公共交通系统非常善于利用大数据技术，举凡电子道路收费系统、易捷通卡、早鸟免费乘车计划、巴士等候服务标准、的士预召系统、体温红外线监测与的士排队等候、道路步行适宜度等都可以看到大数据的身影。

3. 大数据企业的应用实践

目前全球大数据企业主要分为两大阵营：一部分属于单纯以大数据技术为核心的创新型公司，希望为市场带来创新方案并推动技术发展；另一部分则是以数据库/数据仓储业务为主的知名公司，利用自身资源与技术优势地位冲击大数据领域。国内外典型大数据企业应用实践如表5－6所示。

表5－6　　国内外典型大数据企业应用实践

大数据平台	功能介绍	安全措施
阿里云数加大数据平台	提供从数据采集，加工、数据分析、机器学习到最后数据应用的全链路技术和服务	提供统一的密钥管理和访问鉴权服务，支持多因素鉴权模型
百度大数据平台	公司级大数据平台，收录公司各个业务领域的数据，建设数据闭环解决方案，推动数据的统一管理、数据共享、数据发现和数据使用	统一账号、统一身份鉴别、访问授权和审核日志记录4A安全体系
华为大数据分析平台FusionInsight	基于开源社区软件Hadoop进行功能增强，提供企业级大数据存储、查询和分析的统一、完全开放的大数据分析平台，帮助企业快速构建海量数据信息处理系统	提供可运营的安全体系，从网络安全、主机安全、用户安全和数据安全方面提供全方位的安全防护

续表

大数据平台	功能介绍	安全措施
京东万象数据服务平台	利用区块链技术对流通的数据进行确权溯源，登录用户中心进入查询平台，输入交易凭证中的相关信息，查询到存储在区块链中的该笔交易信息，从而完成交易数据的溯源确权	通过区块链溯源和 eID 技术，有效解决了合法用户大数据安全交易的合法权益
奇虎 360 的大数据平台	通过部署的数万台大数据服务器，对当前网络安全事件进行实时监测与分析，采用大数据技术对网络安全威胁进行跟踪和防范	为了保障安全，大数据平台依照“安全三同步”原则进行建设，即同步规划、同步组织实施、同步运作投产
腾讯云大数据平台	提供海量的数据接入能力与处理能力，提供开放接口，做“互联网 +”的链接器，重视网络安全，将其作为链接一切的防护体系	采取安全技术和管理措施确保大数据业务的健康发展
IBM Security Guardium	提供敏感数据的发现和分类、分级，安全性评价，数据和文件活动检测，以及通过伪装、阻断、报警和隔离保护敏感数据一套完整的能力	基于治理、风险和合规的数据安全所需要的各个模块以及云计算解决方案中需要考量的数据安全相关的关键模块
Microsoft Azure HDInsight	以云方式部署并设置 Apache Hadoop 集群，从而提供旨在对大数据进行管理、分析和报告的软件框架	Azure 从使用 AzureBlob 存储、密钥保管库、多重身份验证等多个方面提供了安全保护

四、区块链

（一）区块链的定义和原理

区块链技术吸引了包括科技企业、专业咨询服务机构、学术研究机构等社会各界的广泛关注。但是，专家学者对区块链的定义持多种观点，有专家认为区块链是一种底层架构，即全网公开的分布式账本技术；另一些专家认为，区块链不仅仅是一种技术，还是一种新的经济理念、一种经济组织形式和一种经济贸易方式。

维基百科将区块链定义为一个分布式数据库，该数据库可以用来管理以时间为记录顺序的数据并保证数据不可篡改，其数据结构由以时间顺序排列的数据块组成，每个数据块都包含了一段时间的交易信息，并加盖时间戳和指向上一个区块的指针。分布式区块链的概念由中本聪在论文《比特币：一种点对点的电子现金系统》（*Bitcoin：A Peer – to – Peer Electronic Cash System*）中首次提出，其对区块链的介绍如图 5 – 4 所示。

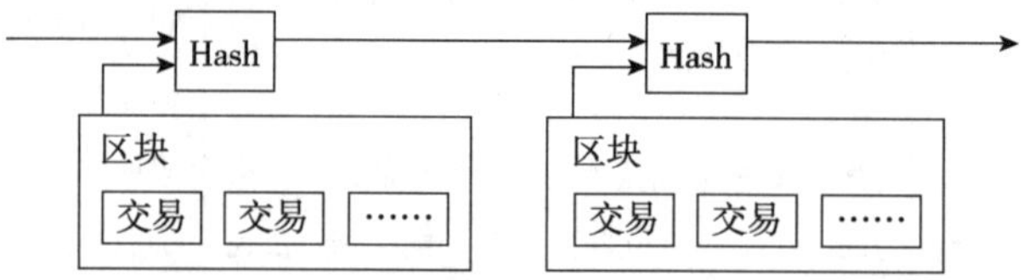

资料来源：Nakamoto S. Bitcoin：A Peer – to – Peer Electronic Cash System［J］. Consulted，2008.

图 5 – 4　区块链运作机制

为了方便理解，本文将区块链概括为多节点共同维护、共同信任的分布式数据库。数据库将一定时间系统记录的全部数据转为关联字符串，保存到当前区块，并指向上一个数据库区块，形成单一完整的链条。该数据库还通过密码学中的非对称加密技术为内部数据加密，保证数据安全。

区块链是由若干个按时间顺序且包含交易信息的区块从后向前有序链接起来的数据结构，每一个区块都包含了一定时间的交易信息，并由一个哈希值（Hash Value）进行封装和指向上一个区块。数据结构可以被视为一个垂直的“栈”，可形象化地描述为每一个区块就像一个箱子，每一个新的区块都堆在上一个区块之上，形成了一摞箱子，最底层的区块就是创世区块，于是区块的“高度”就可以表示区块和创世区块的距离；“顶端”就是指最新的区块；区块头是箱子的表面，封装了区块记录的交易信息，并标明父系区块的位置。每一个区块头都可以找到其父系的区块，并最终回溯到创世区块上。

以比特币为例说明。比特币开发了自身的区块链，客户端方面使用

Google 的 LevelDB 数据库存储区块链元数据。每一个区块头均使用 SHA256 加密，生成一个哈希值，用来识别区块链的对应区块，其中包含了父区块的哈希字段。虽然每一个区块都只有一个父系区块，但一个父系区块可以暂时拥有多个子区块，这种情况被称为“分叉”，并且在比特币的挖矿过程中经常存在，但长期下来，这些短暂的分叉都会消失。除了上述的分叉之外，修改程序的规则也会导致分叉的出现。当新的规则不能被旧程序接受，新旧程序遵循两套不兼容的规则时，这时出现的分叉被称为“硬分叉”；但当新的规则能被旧程序接受时，这时出现的分叉被称为“软分叉”。比特币区块链对区块存储上限的调整就是硬分叉。

（二）区块链的数据结构

1. 区块结构

以比特币为例，区块链的区块主要由两部分构成：区块头和区块主体。区块主体是紧跟区块头之后的一长串交易。区块头有 80 个字节，每一笔比特币交易至少使用 250 个字节，每一个区块至少包含 500 笔交易，但每一个区块的储存上限为 1M。也就是说，在每笔交易保证最少交易内容，即 250 字节记录量的情况下，每十分钟产生的一个区块能记录的交易笔数共为 4000 笔，换算到每秒是约 7 次，但通常每笔交易记录字节要多于 250 字节，这就导致实际的记录次数更少。在比特币大量交易的今天，交易记录频率过低一直受人诟病，为此比特币出现了扩容的需求。在 2017 年 5 月召开的 Consensus 2017 会议上，一些比特币公司和 80% 的矿工签订了 SegWit2x，通过 BIP91 来激活隔离验证。在激活隔离验证之后，将通过硬分叉把区块大小上限从当前的 1MB 增加至 2MB，但因为行业普遍担心升级造成的分叉，这个升级没有实施①。但无论是否扩容，区块的结构是不变的，表 5 -7 详细列出了区块的数据内容。

① https：//www. cnbc. com/2017/11/10/bitcoin - falls - after - developers - call - off - segwit2x - bitcoin - cash - surges. html。

表 5-7　　区块结构

大小	字段	描述
4 字节	区块大小	用字节表示的该字段之后的区块大小
80 字节	区块头	组成区块头的几个字段
1~9（可变整数）	交易计数器	交易的数量
可变的	交易	记录在区块里的交易信息

80 个字节的区块头由三部分构成。第一组引用父系区块的哈希值，用于指向父区块，保证区块链的链接性；第二组是元数据，即计算难度、时间戳和 Nonce，这直接与挖矿竞争有关；第三组是 Merkle 树根，用来有效地总结区块中所有交易的数据结构。表 5-8 详细列出了区块头的数据内容。

表 5-8　　区块头结构

大小	字段	描述
4 字节	版本	版本号，用于跟踪软件/协议的更新
32 字节	父区块哈希值	引用区块链中父区块的哈希值
32 字节	Merkle 根	该区块中交易的 Merkle 树根的哈希值
4 字节	时间戳	该区块产生的近似时间（精确到秒的 Unix 时间戳）
4 字节	难度目标	该区块工作量证明算法的难度目标
4 字节	Nonce	工作量证明算法的计数器

区块的主标识符是其加密哈希值，通过 SHA256 算法对区块头进行二次哈希得到的数字指纹，并不包含在区块的数据结构中。主标识符可以唯一、明确地标识一个区块，任何节点都可以通过对区块头的简单运算验证该区块的哈希值。需要注意的是，由于区块标识符并不包含在区块的结构中，区块的哈希值可以作为区块元数据的一部分被存储在一个独立的数据库表中，以便作为目录用于索引和更快地从磁盘检索区块。

当然，找到指定的区块不仅可以通过哈希值目录来索引，还可以通过区块“高度”来确认。例如，比特币的创世区块的哈希值为：

000000000019d6689c085ae165831e934ff763ae46a2a6c172b3f1b60a8ce26f，其所对应的区块为第 1 块，区块高度为 0。但是，同用哈希值确认不同，区块高度并不能作为唯一标识来确定区块，原因是一个父区块暂时可以有多个子区块，只有子区块完全稳定以后，才能做到唯一确认。也就是说，区块寻找方法有两种，一种是用区块哈希值，另一种是用区块高度。但区块哈希值能直接找到唯一对应的区块，而通过区块高度寻找却可能找到多个区块。

2. 以哈希指针实现的数据链表

哈希指针是一个指向数据储存位置及该位置数据哈希值的指针。在区块链中，有两种利用哈希指针构建的数据结构，一是以哈希指针实现的数据链表，二是以哈希值实现的二叉搜索树，又称“Merkle 树”。

比特币的完整节点保存了区块链自创世区块以来的所有信息，成为区块链的一个本地信息副本。随着新区块的产生，节点会收到网络传输的新区块信息，并对新区块信息进行验证，通过哈希指针将其链接到现有的区块上，使区块链本地副本信息以数据链表形式不断地更新和扩展，如图 5 - 5 所示。

3. Merkle 树

区块链的每一个区块都包含了该区块产生期间的所有交易，并用 Merkle 树的形式表示。Merkle 树是一种哈希二叉树，是用作快速归纳和校验大规模数据完整性的数据结构。

在比特币网络中，Merkle 树被用来归纳一个区块的所有交易，同时生成整个交易集合的数字指纹，且提供了一种校验区块是否存在某交易的高效途径。生成一棵完整的 Merkle 树需要递归地对哈希节点进行哈希，并将新生成的哈希节点插入 Merkle 树中，直到只剩一个哈希节点，该节点就是 Merkle 树的根。在比特币的 Merkle 树中两次使用到了 SHA256 算法，因此其加密哈希算法也被称为 Double - SHA256。

当 N 个数据元素经过加密后插入 Merkle 树，至多计算 $2 \times \log_2 N$ 次就能检查出任意某数据元素是否在该树中，这使该数据结构非常高效。Merkle 树是自底向上构建的，举例说明：同一时间发生 A、B、C、D 四笔交易，起始所有交易都存于基础节点，分别进行哈希，以交易 A 的哈希过程为例，得到 H_A = SHA256（SHA256（交易 A）），同样得到 H_B、H_C、H_D；然后创建二层节点 H_{AB} = SHA256（SHA256（H_A + H_B）），同样得到 H_{CD}；继续操作直到生成顶端唯一的节点——H_{ABCD}。如图 5－6 所示。

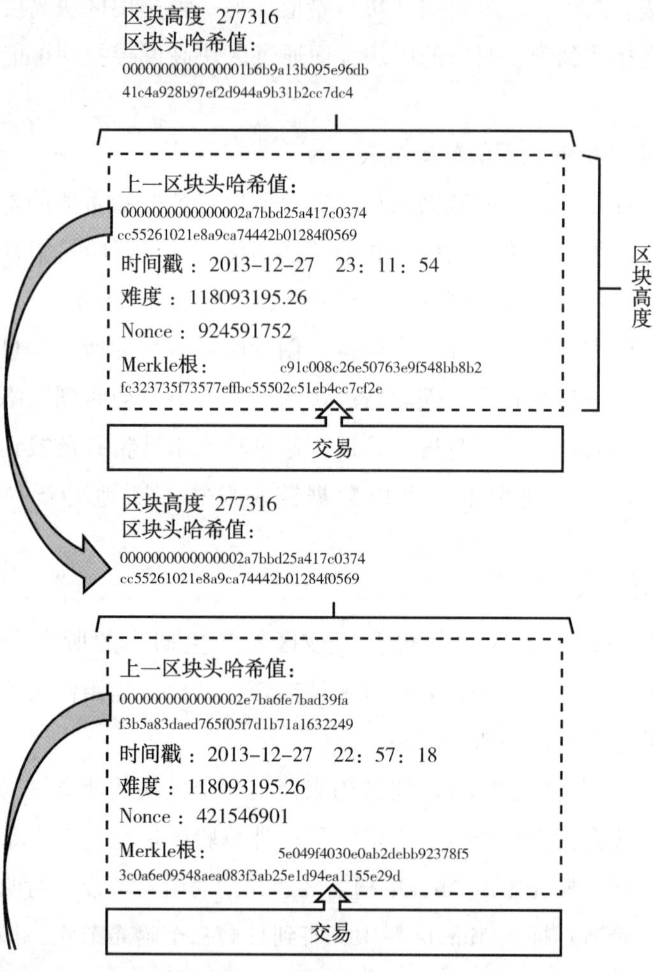

图 5－5　区块链的链接示意图

因为 Merkle 树是二叉树，所以每一层需要偶数个节点，如果节点数为奇数，系统将复制一份数值使节点数变成偶数。如图 5－7 所示，C 点就被复制了一份。

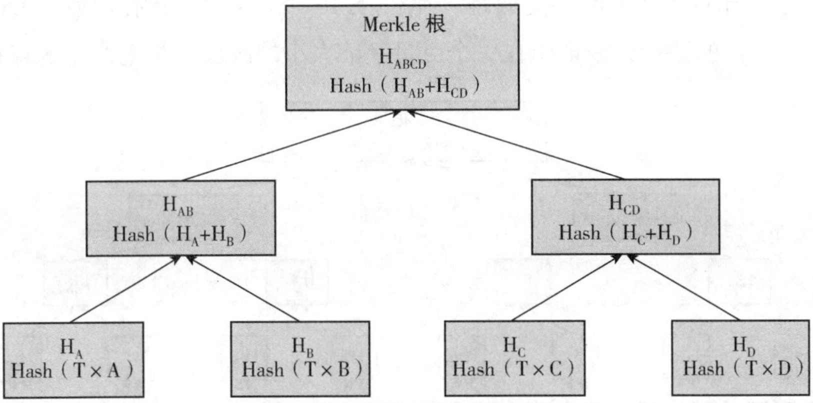

图 5－6　Merkle 树中计算节点

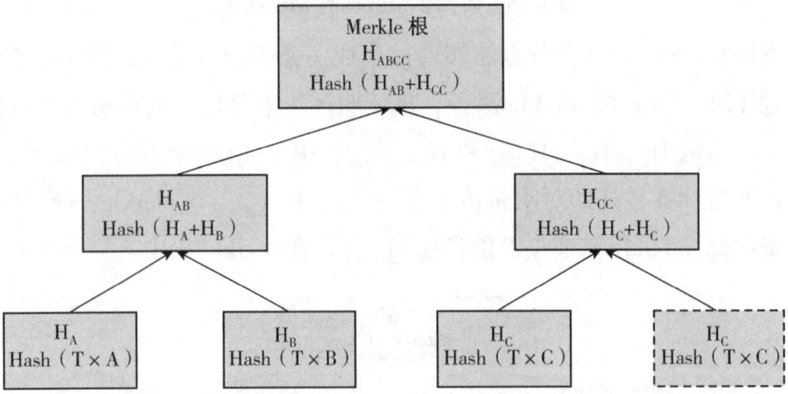

图 5－7　节点 C 复制的情况

四个交易构造 Merkle 树的方法同样适用于为任意交易数量构造 Merkle 树。在比特币中，在单个区块中有成百上千的交易是非常普遍的，这些交易都会采用同样的方法归纳起来，产生一个仅仅 32 字节的数据作为 Merkle 根。图 5－8 出现了多个节点，其运算过程与四个节点是一致的，其实无论多少个节点都可以通过 Merkle 树归纳为 32 个字节。

为了证明区块链内存在某一个特定的交易，一个节点只需要计算 $\log_2 N$ 个 32 字节的哈希值，形成一条从特定交易到树根的认证路径或者 Merkle 路径即可。随着交易数量的急剧增加，这样的计算量就显得异常重要，因为相对于交易数量的增长，以基底为 2 的交易数量的对数的增长会缓慢许多。这使比特币节点能够高效地产生一条10个或者12个哈希值（320～384字节）的路径，来证明在一个巨量字节大小的区块中某笔交易的存在。

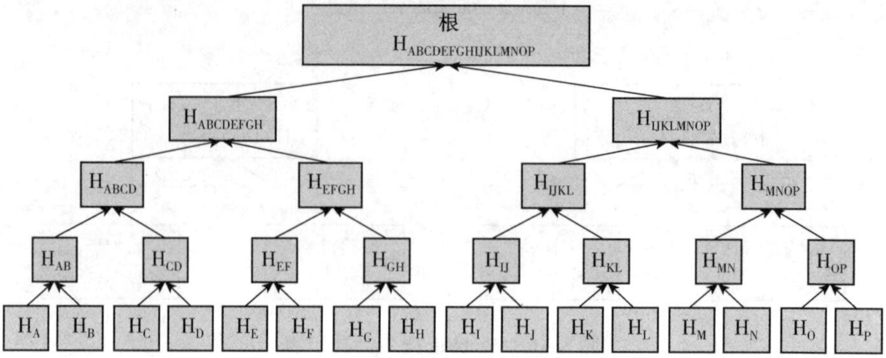

图5－8　囊括多个数据的Merkle树

在图5－9中，一个节点能够通过生成一条仅有4个32字节哈希值长度（总128字节）的Merkle路径，来证明区块中存在一笔交易K。该路径有4个哈希值H_L、H_{IJ}、H_{MNOP}和$H_{ABCDEFGH}$。由这4个哈希值产生的认证路径，再通过计算另外四对哈希值H_{KL}、H_{IJKL}、$H_{IJKLMNOP}$和Merkle树根（在图中由虚线标注），任何节点都能证明H_K包含在Merkle根中。

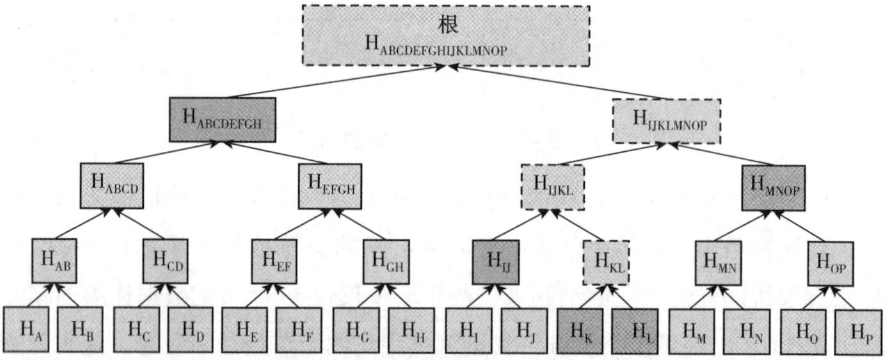

图5－9　Merkle根的追溯路径

用列表表示交易数量对路径大小的影响，如表5－9所示，当区块大小由16笔交易（4KB）急剧增加至65535笔交易（16MB）时，为证明交易存在的Merkle路径长度增长极其缓慢，仅仅从128字节到512字节。有了Merkle树，一个节点仅能够下载区块头（80字节/区块），然后从一个节点回溯就能认证一笔交易的存在，而不需要存储或者传输区块链中大多数内容。这被称作简单支付验证（SPV）节点，它不需要下载整个区块，而通过 Merkle 路径去验证交易的存在。

表 5－9　　Merkle 树的效率

交易数量	区块的近似大小	路径大小（哈希数量）	路径大小（字节）
16 笔交易	4KB	4 个哈希	128 字节
512 笔交易	128KB	9 个哈希	288 字节
2048 笔交易	512KB	11 个哈希	352 字节
65535 笔交易	16MB	16 个哈希	512 字节

Merkle 树被 SPV 节点广泛使用。SPV 节点不保存所有交易也不会下载整个区块，仅仅保存区块头。其使用认证路径或者 Merkle 路径来验证交易是否在区块中，而不必下载区块中的所有交易。例如，一个 SPV 节点欲知其钱包中某个比特币地址即将到达的支付，该节点会在节点间的通信链接上建立起 Bloom 过滤器，限制只接受含有目标比特币地址的交易。当节点探测到某交易符合 Bloom 过滤器时，将以 Merkle 区块消息的形式发送该区块。Merkle 区块消息包含区块头和一条连接目标交易与 Merkle 根的 Merkle 路径。SPV 节点能够使用该路径找到与该交易相关的区块，进而验证对应区块中该交易是否存在。

（三）区块链的技术特点

1. 去中心化

回顾金融发展史不难发现，最早的商品贸易是以物易物。不论战争变动和国家主权更迭，商品依旧具有使用价值，而纸币的发行需要国家主权为其担保，本质上是国家的一种负债，纸币本身不具有价值，存在超发、贬值等风险。这种传统意义上的货币都是中心化的货币，这种货币有利于市场管理和控制，但因为价值不稳定，市场参与者需要不停地寻找避险资产，这也是金融危机的时候金价会大幅上涨的原因。区块链所具有的去中心化将保证不存在货币滥发的情况，使区块链上的虚拟货币成为避险资产配置的一个选择。

自从传统的支付活动被电子化以来，支付形式呈现多种多样，但支付体系结构仍然没有太大的改变，依旧是由第三方中心化机构（中央银行、金融机构等）主导的多方参与、多层次、多路径清算结构。每个银行拥有自身的账本，跨行支付需要银行分别记账，再通过中央银行清算（清算中心），支付过程面临支付一致性、支付清算效率和支付安全等问题。区块链去中心化支付和传统支付方式形成了鲜明的对比。区块链去中心化特指在没有或者较少依赖中央节点或机构的条件下，由若干个网络支付节点通过账本协同完成支付，并通过节点竞争、非对称加密、智能合约等机制有效实现防篡改、信息保密、智能扩展等功能。

区块链上的交易像纸币一样，只要双方确认就可以交易，不需要中心部门来调整账本。当然，为了保证这笔交易的确认，需要将交易广播出去，由所有人参与记账，保证不会出现“双花”的情况。

2. 不可篡改

由于区块头要包含“父系区块哈希”的字段，所以任何父系区块的修改，都会引发子区块的改变，而子区块的改变将引发孙区块的改变，这种变化会一直传导到最新区块，并且这种改变是没有规律的，服从“雪崩效应”，这就意味着任何人想要更改之前区块的内容，将会耗费大量的算力来运算更长的链条，即实现“51%攻击”。这对修改者来说，成本过于高昂，此外，即使实现了51%攻击，也只能抹除自己的交易信息，并不能修改整个程序和参数。

不可篡改也是比特币安全性的一个关键特征。在比特币的区块链中，运算六个区块（1个小时）的时候基本上已经能确认区块不再会被篡改，超过六个区块后，位置越深越不会被篡改，在100个区块生成以后，区块已经能保证足够稳定（可以观察期间内的算力分布，不会出现长时间的51%算力集中）。而到了几千个区块（一个月）后，区块链将变成确定的历史，永远不会改变。

3. 透明性

区块链解决了信息披露的透明度问题，实现了信息“自披露”。每一次交易在账本上都是可追溯且不可篡改，各方都对交易记录的完整性和可靠性达成共识。除了交易各方的私有信息和交易内容被加密外，区块链上的数据都是公开可见的，任何人都可以通过接口查询区块链上记录的交易信息。

4. 信用创造

区块链最大的颠覆性在于信用的创造机制。区块链技术基于数学（非对称加密算法）原理进行了信用创造机制的重构。在系统中，参与者之间不需要了解对方的基本信息，也不需要借助第三方机构的担保，就能直接进行可信任的价值交换。此外，嵌于分布式账本上的智能合约可以把许多复杂的金融合约条款（多以外部事件为触发点）写入计算机程序，在条件触发时自动执行，解决履约时的逆向选择和道德风险问题。

许多缺乏信任的领域都有区块链技术的用武之地。在人类基因中存在的信任问题——人性的猜疑、背叛和互不信任，长期以来并没有找到很好的解决方案，现在的区块链算是一个，因为区块链的本质是信任的自动化，是可以孕育信任的土壤。

5. 匿名性

匿名性是一个颇具争议的特点。区块链不涉及参与者的私人信息；区块链上的交易是加密的，加密数据很难逆向还原；区块链上的交易不再受中心账本的控制。以上三点都使区块链上的交易变得更加匿名和不可控。因此，各国为了控制区块链内的违法交易，都规定了 KYC（了解你的客户原则）和反洗钱法。也就是说，发展区块链项目在法律规定下是无法做到匿名的。

（四）区块链发展现状

1. 区块链的技术成熟度

根据摩根士丹利发布的区块链报告，区块链的发展主要可以分为四个阶段：2014 年至 2016 年属于区块链技术评估阶段，各类技术公司团体、金融机构开始评估技术的应用价值；2016 年至 2018 年进入区块链概念验证阶段，各类技术公司团体和中介机构开始在特定资产中应用区块链技术，判断技术是否可行及是否可扩展，同时判断区块链的性能、成本、速度和规模是否可以超越传统的金融体系；2018 年至 2020 年，区块链基础设施进入形成阶段，开发全面的用户接口，充分利用 API 接口进行产品开发，实现更少的人力，并且通过共享基础设施来降低成本；2021 年以后是资产扩散阶段，区块链技术将得到全面应用，效用被充分证明，更多的资产采用了区块链技术[①]。

2. 区块链的市场概况

根据 Coindesk 发布的《2017 年第二季度区块链行业报告》，截至 2017 年第二季度，区块链创业公司通过风险投资和 ICO[②]（Initial Coin Offering）获得的融资总额分别达 17.9 亿美元和 11.3 亿美元，其中 2017 年第二季度通过风险投资和 ICO 完成的融资总额分别为 2.35 亿美元和 7.97 亿美元，环比分别增长 119.62% 和 2113.89%，机构资本持续流入。

3. 区块链的政策环境分析

（1）联合国“重点关注区块链在国际事务中的应用”

2016 年初，联合国社会发展部发布《加密货币以及区块链技术在建立稳定金融体系中的作用》，提出了利用区块链技术构建一个更加稳固的金融体系的想法，并认为区块链在改善国际汇兑、国际结算、国际经济合作等领域有着巨大发展潜力。2016 年 10 月，联合国在可持续发展会议上重点关注公共私营合作制（政府与私人组织之间合作建设城市基础设施项目）如何使用区块链以及其他工具来实现可持续发展的目标。截至 2017 年 4 月，联合国项目服务办公室已组建了一个专门致力于区块链技术的跨机构工作组，分析现有或新兴区块链服务在国际救助领域可能的适用性，并且正在对那些适用于国际救助的服务的相关技术、工具和概念进行市场研究。

（2）美国“鼓励发展，关注影响，严防风险”

2017 年 1 月，美国金融业监管局（FINRA）发布《分布式账本技术：区块链对证券行业的影响》（*Distributed Ledger Technology*：*Implication of Blockchain for the Securities Industry*），报告详述了区块链行业在证券领域的

---

① Morgan Stanley Global Insight, Blockchain in Banking: Disruptive Threat or Tool？［R］. 2016.

② ICO，即首次代币发售，是指区块链公司等虚拟组织或者实体企业，发行初始加密代币，出售给合格参与者从而间接募集资金，以用于项目开发的一种融资方式。

应用潜力，同时指出区块链的应用将影响监管者监督和执法的规则。具体来说，区块链或将影响 FINRA 成员在 AML/KYC、资产验证、业务连续性、监控和支付等领域的自我监管。2017 年 2 月，美国国会议员加雷德·波利斯（Jared Polis）和戴维·斯维卡特（David Schweikert）宣布推出国会区块链决策委员会，致力于挖掘区块链技术在安全、福利以及医疗方面的潜力。2017 年 3 月，亚利桑那州将区块链签名和智能合约技术纳入法律，认为智能合约能将相关联的数据以电子化格式进行记录，并对账目中资产转移的信息进行监管。2017 年 7 月，美国证券交易委员会（SEC）在其发布的一份调查报告中认为 ICO 可能适用证券法律监管范围。

综上所述，美国总体上鼓励区块链技术的发展，但也非常关注区块链技术给现有监管体系带来的挑战和影响，将虚拟货币和区块链纳入法律监管范围。

（3）中国“着力研制区块链标准，严禁 ICO”

2016 年 10 月，在工业和信息化部信息化和软件服务业司指导下中国区块链技术和产业发展论坛编写的《中国区块链技术和应用发展白皮书（2016）》发布，该白皮书结合区块链应用场景和技术架构，首次提出中国区块链标准化路线图。

2016 年 12 月，区块链技术首次被列入《“十三五”国家信息化规划》。规划还提出要加强区块链等新技术基础研发和前沿布局，构筑新赛场先发主导优势。

2017 年 5 月，中国电子技术标准化研究院发布了《区块链参考架构》，该参考架构规定了用户视图、功能视图；用户视图所包含的角色、子角色及其活动，以及角色之间的关系；功能视图所包含的功能组件及其具体功能，以及功能组件之间的关系；以及用户视图和功能视图之间的关系。

2017 年 6 月，中国人民银行印发的《中国金融业信息技术“十三五”发展规划》也明确认可区块链等新技术对金融业务创新的有力支撑和持续驱动。该规划提出要加强区块链基础技术研究，开展区块链技术在金融领域的应用研究，并研制区块链在金融业应用的标准。

2017 年 9 月，中国人民银行等七部委联合下发《关于防范代币发行融资风险的公告》，将ICO定性为“涉嫌从事非法金融活动”且严重扰乱了经济金融秩序。公告要求各类代币发行融资活动立即停止，已完成代币发行融资的组织和个人应当做出清退等安排，合理保护投资者权益，妥善处置风险。

（五）区块链的应用现状

1. 股权众筹融资领域的应用

股权众筹融资作为新兴事物，难免会有不合规和不合理的经营现象出现，在没有严格监管的环境中，个人或企业有可能不遵守合约，为金融活动带来高风险。区块链技术的可追溯特征将交易透明化，区块中记录着详细的交易信息，可追溯性可以有效解决股权众筹融资由信息不对称引起的道德风险等激励和逆向选择问题，扩展可交易边界。另外，可追溯性可使全部交易的历史信息可查，所有接入的节点都能通过追溯交易历史核验金融机构运行是否合规，有利于简化业务流程、维护金融稳定及防范金融风险。区块链技术还有助于降低交易后流程的错误率和复杂度，缩短流程时间，节省机构开支。每个市场参与者都有一份完整的市场账本，共识机制保证证券登记在整个市场中同步更新，保证内容的真实性和一致性，在没有中央证券存管机构的情况下，实现全部功能的完成。在区块链上通过建立智能合约规定参与者的权利和义务，智能合约以计算程序的方式实现执行自动化并可以可靠地监控合约中参与方的执行情况，再次降低人工操作成本并且降低操作风险。

2. 税收领域的应用

税务局通过协议将分布式账本部署到全国，能有效强化税收监管，可以从公司运转的全流程和项目建设的全过程来监测，更能促进多部门多节点的监督管理，错误和不真实的交易将会更容易检测出来，提高了可追踪性和透明性，让黑市经济更加难以隐藏。同时，对于暂时侥幸逃避监管的企业，其违法行为由于区块链的不可篡改性，依旧保存在区块链中。区块链技术还能有效控制逃税和洗钱。目前英国正在欧洲推行该体系。

3. 慈善领域的应用

慈善公益机构的资金使用情况不公开一直受社会诟病，且存在严重的贪腐和诈捐现象。社会和政府都希望慈善公益机构能够真正履行义务，使捐款能帮助到有需要的人。借助区块链技术的透明性，捐款人能实时跟踪其捐款的使用情况，使捐款能被正确使用，并且可以根据需要选择是否匿名。狗狗币①（Dogecoin）的一个应用方向就是慈善。

专栏5-1　Algorand区块链系统简介

1. Algorand的发展背景

Algorand是MIT机械工程与计算机科学系Silvio Micali教授与其合作者于2016年提出的一个区块链系统②。Micali教授1982年获加州大学伯克利分校计算机科学博士，1983年起在MIT任教。他的研究领域包括密码学、零知识（Zero Knowledge）、伪随机数生成、安全协议（Secure Protocol）和机制设计。Micali教授1993年获哥德尔奖③，2004年获RSA奖④，2012年获图灵奖⑤。

Algorand由Algorithm（算法）和Random（随机）两个词合成，顾名思义，就是基于随机算法的公共账本系统（Public ledger）。Algorand针对比特币区块链系统的几个主要缺点进行了改进。

第一，比特币区块链系统使用了工作量证明（Proof of Work），需要消耗大量计算资源。据估计，目前比特币区块链系统一年消耗的电力

---

① 狗狗币是一种虚拟货币。

② 相关论文见https：//arxiv.org/abs/1607.01341。最新版的论文（2017年5月）由Micali教授和他的学生、纽约大学石溪分校陈静副教授合作。以下关于Algorand的内容，如无说明，均来自2017年5月版的论文。

③ 由欧洲理论计算机学会（EATCS）与美国计算机学会基础理论专业组织（ACM SIGACT）于1993年共同设立，颁发给理论计算机领域最杰出的学术论文。

④ 密码学领域。RSA是三位发明公钥—私钥密码系统的科学家的姓氏缩写（Rivest、Shamir和Adleman）。

⑤ 由计算机协会（ACM）于1966年设立，奖励给对计算机事业做出重要贡献的个人，有“计算机界诺贝尔奖”之称。

达26270GWH[①]。

第二，比特币区块链系统要长期存续，要求50%以上的计算资源掌握在诚实用户的手中；否则，恶意用户在力量占优时可能篡改区块链。但随着市场演变（中本聪没有预见到这种情况），比特币区块链系统中的计算资源集中在少数几个“矿池”中。这就构成了一个潜在的不稳定因素。“矿池”还使比特币区块链系统偏离了其早期宣称的民主特征，形成了“矿工”和普通使用者这样不同阶层的使用者。

第三，比特币区块链系统容易出现分叉。根据中本聪的白皮书[②]，当一笔交易被记入一个区块并接入区块链后，要等该笔交易所在区块后面再接上5个区块，才能比较肯定这笔交易进入比特币的公共账本，而非在某一个分叉上。因为比特币区块链系统平均每10分钟才能产生一个区块，一笔交易从发生到被确认需要1个小时左右。

第四，比特币区块链系统的可拓展性比较差。比如，一个比特币区块的大小为1M，平均每秒钟仅能支持6~7笔交易；相比较而言，PayPal平均每秒钟能支持193笔交易，Visa平均每秒钟能支持1667笔交易[③]。

鉴于比特币区块链系统的上述缺点，Algorand的目标是：（1）能耗低，不管系统中有多少用户，大约每1500名用户中只有1名会被系统挑中执行长达几秒钟的计算；（2）民主化，不会出现类似比特币区块链系统中的“矿工”群体；（3）出现分叉的概率低于一兆分之一（即10^{-18}）[④]；（4）可拓展性好。

2. Algorand的基本设置

（1）用户和交易特征

Algorand是一个公有链系统。用户加入Algorand不需要事先申请，可以随时加入。Algorand对用户数量也没有任何限制。

---

① https：//digiconomist. net/bitcoin - energy - consumption。1GWH是1百万度电。

② Nakomoto，Satoshi. Bitcoin：A Peer - to - Peer Electronic Cash System［R］，2009.

③ http：//www. altcointoday. com/bitcoin - ethereum - vs - visa - paypal - transactions - per - second/。

④ 假设Algorand中平均每分钟产生一个区块（后文会给出有关测试数据），这个概率意味着平均每190万年出现一次分叉。

每个用户持有多个公钥。每个公钥是一个电子签名机制的一部分，也就是有一个与之对应的私钥。每个公钥对应着一定数量的货币，相当于一个银行账户。每笔交易实际上是一个电子签名，该电子签名将一定数量的货币从某一个公钥转移给另一个公钥，并用前一个公钥对应的私钥进行加密。

Algorand 要求系统中2/3的货币由诚实用户掌握。诚实用户的含义是：他的行为遵守有关指引（主要是指拜占庭共识协议，见下文），并且能完美地发送和接收消息。诚实用户以外的是恶意用户，恶意用户的行为可以任意偏离有关指引。

对于恶意用户，Algorand 假设他们由一个“敌对者”（Adversary）控制。“敌对者”能发起强大攻击，包括：①“敌对者”可以在任何时候瞬间地腐化任何他选中的用户，使其成为恶意用户（哪怕该用户之前是诚实用户）；②“敌对者”完全控制并且完美协调所有恶意用户[①]；③“敌对者”控制所有信息发送，但必须满足一点：诚实用户发出的消息能在一定时间内（该时间只与信息大小有关）抵达95%的诚实用户。然而，“敌对者”几乎不可能伪造诚实用户的电子签名或者干涉诚实用户之间的通信。

（2）区块链结构

Algorand 中，与交易有关的信息均存储在一系列区块中。每个区块除包含多笔交易的信息外，还有一个哈希指针，该哈希指针相当于对所有前序区块所含信息的一个摘要或浓缩[②]。这样，这一系列区块通过这些哈希指针连接在一起，构成了区块链。如果某一区块的信息被“敌对者”篡改，其与后序区块的哈希指针就会出现不匹配。这就使区块链难以被篡改。

Algorand 的这个设置与比特币区块链系统是基本相同的。但存在一个关键差别：在 Algorand 中，货币是外生给定的，交易只影响货币在不同用户之间的分配；在比特币区块链系统中，“矿工”构建了被公共账本接受的区块后，就会得到系统给予的一定数量的比特币作为奖励。

（3）网络通信

与比特币区块链系统一样，Algorand 假设用户之间的通信采取“点对

---

① 可以理解为，恶意用户的行为（包括发送和接收消息）完全由“敌对者”代理。

② 每个区块中还包括由当期“领导者”电子签名后的“种子”参数。

点传言”模式（Peer – to – Peer Gossip）：当某一用户传播一条消息后，第一次收到这条消息的用户随机并且独立地选择他的一些“邻居”，并将消息传给“邻居”们。当没有用户是第一次收到这条消息时，这条消息的传播就终止了。

Algorand 要求：对任意大于 95% 的可及性参数（Reachability）ρ 和消息大小参数 μ，总存在一个时间参数 λ（λ 只与 ρ 和 μ 有关），使一个诚实用户发出的大小为 μ 的消息，在经过 λ 长时间后，至少被超过 ρ 的诚实用户接收。

（4）共识机制

Algorand 中，用户（不是全部用户，仅指被系统挑中作为“验证者”的用户，见下文）通过一个拜占庭协议（由 Micali 教授开发，称为 BA★）对新区块达成共识。BA★执行起来非常快。大致而言，BA★每次循环有 3 个子步骤，在每次循环后拜占庭协议均有 1/3 以上的概率能达成共识。一旦用户对某一个新区块达成共识，该区块就会在特定的认证程序后[①]在 Algorand 网络中传播。

BA★的一个重要特征是，在点对点网络通信下，BA★的参与者可更换（Player – replaceable）。也就是说，BA★每次循环的每一个子步骤均由全新的、独立随机选择的参与者来执行。在这种情况下，BA★才能正确、有效地达成共识。假设有上百万名的用户，BA★每次循环的每一个子步骤的参与者可以完全不一样，而且每一批参与者都无法确定下一批参与者是谁，从而无法串谋。

（5）密码抽签（Cryptographic Sortition）

密码抽签是 Algorand 的关键创新，也是其得名的由来。首先，Algorand 创建并不断更新一个独立参数，称为“种子”。“种子”参数不仅不可能被“敌对者”预测，也不受其操纵。其次，在 BA★每次循环中，Algorand 基于当前“种子”参数构建并公布一个随机算法（也被称为“可验证的随机函数”，Verifiable Random Functions），该随机算法中的一个关键输

---

① 超过一半的“验证者”用自己的私钥对该区块进行电子签名。

入量是用户的私钥，这个私钥只有用户本人才知道。接着，每个用户使用自己的私钥运行系统公布的随机算法，得到自己的凭证（Credential）。凭证值满足一定条件的用户就是这一轮的“验证者”（Verifiers）。“验证者”组装一个新区块并连同自己的凭证一起对外发出。其中，在第一个子步骤中凭证值最小（字典排序①）的那个“验证者”的地位比较特殊，称为“领导者”。最后，所有“验证者”基于“领导者”组装的新区块运行拜占庭协议 BA★。在 BA★的每次循环中的每一个子步骤中，被选中的“验证者”都是不同的。这样能有效防止验证权利集中在某些用户手中，有效避免“敌对者”通过腐化这些用户来攻击区块链。

从上述过程可以看出，第一，“验证者”首先在秘密情况下获知自己被选中，但他们只有公布凭证才能证明自己的“验证者”资格。尽管“敌对者”可以瞬间腐化身份公开的“验证者”，但已不能篡改或撤回他们已经对外发出的消息。第二，所有“验证者”公布自己的凭证并进行比较后，才能确定谁是“领导者”，也就是“领导者”可以视为公共选举产生的。第三，随机算法的性质决定了，事先很难判断谁将被选为“验证者”。因此，“验证者”的选择过程，很难被操纵或预测。第四，尽管“敌对者”有可能事先安插一些交易来影响当前公共账本，但因为“种子”参数的存在，他仍然不可能通过影响“验证者”（特别是其中的“领导者”）的选择来攻击 Algorand 区块链。

接下来，对密码抽签和拜占庭协议 BA★做一个相对技术化的介绍。

3. Algorand 的密码抽签

密码抽签按两条线索执行。一是选出“验证者”和“领导者”，二是创建并不断完善“种子”参数。

(1)“验证者”和“领导者”的选择

假设在第 r 轮（可以理解为产生第 r 个区块的时间段）开始时，“种子”参数为 Q^{r-1}，PK^{r-k} 是第 $r-k$ 轮结束后系统中活跃的用户/公钥的集合（活跃的标志是至少参与过一笔交易），其中 k 被称为回溯参数或安全参

① 按照字母顺序或者数字小大顺序由小到大的形成序列。

数。Q^{r-1} 和 PK^{r-k} 属于公共知识。

对每一个 PK^{r-k} 中的用户 i，他使用自己的私钥对“种子”参数 Q^{r-1} 进行电子签名后并输入哈希函数，得到自己的凭证 $H(SIG_i(r, 1, Q^{r-1}))$。哈希函数的性质决定了：①凭证是一个随机的①、长度为 256 并由 0 和 1 组成的字符串，并且不同用户的凭证几乎不可能相同；②由凭证构建的 2 进制小数 $0.H(SIG_i(r,1,Q^{r-1}))$（也就是将凭证字符串写到小数点后）在 0 和 1 之间均匀分布。因此，对 0 和 1 之间的一个数 p，$0.H(SIG_i(r,1,Q^{r-1})) \leqslant p$ 发生的概率为 p，称所有满足此条件的用户为“潜在领导者”（也是这一步的“验证者”）。p 使得以 $1-10^{-18}$ 的概率，在所有“潜在领导者”中，至少有一个是诚实的。在所有“潜在领导者”中，存在一个用户 l^r，其凭证按字典排序最小：对任意满足 $0.H(SIG_i(r,1,Q^{r-1})) \leqslant p$ 的用户 i，均有

$$H(SIG_{l^r}(r,1,Q^{r-1})) \leqslant H(SIG_i(r,1,Q^{r-1}))$$

用户 l^r 就是第 r 轮的“领导者”。

第 r 轮第 s 步（$s>1$）的“验证者”的产生程序与上文类似。在这一步中，每一个 PK^{r-k} 中的用户 i 使用自己的私钥对“种子”参数 Q^{r-1} 进行电子签名后并输入哈希函数，得到自己的凭证 $H(SIG_i(r, s, Q^{r-1}))$。对 0 和 1 之间的一个数 p'，满足 $0.H(SIG_i(r,s,Q^{r-1})) \leqslant p'$ 的用户就构成这一步的“验证者”。

（2）“种子”参数的更新

“种子”参数本身是一个长度为 256 并由 0 和 1 组成的字符串。用 B^r 表示第 r 轮结束后，拜占庭协议 BA★输出的区块。如果 Algorand 在第 r 轮受到了“敌对者”攻击，B^r 可能是空的，也就是不含有任何真实交易记录。比如，“敌对者”可能腐化了这一轮的“领导者”，使其将两个不同的候选区块发给诚实的“验证者”。考虑到这个情况，“种子”参数的更新过程为

$$Q^r = \begin{cases} H(SIG_{l^r}(Q^{r-1},r)) & \text{如果 } B^r \text{ 不是空的} \\ H(Q^{r-1},r) & \text{如果 } B^r \text{ 是空的} \end{cases}$$

---

① 哈希函数也被称为“随机预言”（Random Oracle），也就是其输出和输入之间的关系近乎随机。

考虑到哈希函数的性质，Q^r 和 Q^{r-1} 之间的关系是近乎随机的。回溯参数或安全参数 k 保证了，“敌对者”在第 $r-k-1$ 轮几乎不可能预测到 Q^{r-1}；否则，他将在第 $r-k$ 轮引入恶意用户（也就是进入 PK^{r-k}），从而能影响第 r 轮“领导者”和“验证者”的选择。

4. Algorand 的拜占庭协议 BA★

拜占庭协议 BA★分两阶段。第一阶段，“验证者”对其收到的候选区块①运行分级共识协议（Graded Consensus），选出“验证者”共识最多的候选区块。第二阶段，“验证者”对第一阶段选出的候选区块，运行二元拜占庭协议（Binary Byzantine Agreement）：要么接受它，要么接受空区块。需要强调的是，在每一阶段中的每一个子步骤，Algorand 可能使用完全不同的“验证者”。以下为叙述方便，假设：(1) 系统处在第 r 轮；(2) 每一个子步骤都选出 n 名“验证者”，其中恶意“验证者”不超过 t，并且 $n \geqslant 3t+1$（也就是诚实“验证者”占比在 2/3 以上）。另外，引入计数函数 $\#_i^s(v)$ 表示在第 s 步，“验证者” i 收到的消息 v 的次数（来自同一发送人的只能算 1 次）。

(1) 分级共识协议

步骤 1.1：运行密码抽签程序，选出“领导者” l^r 和这一步的“验证者”。用 v'_i 表示“验证者” i 收到的并且他认识是来自“领导者” l^r 的候选区块。有几个原因使 v'_i 不一定等于“领导者” l^r 构建的候选区块：一是“验证者” i 辨认“领导者”的方法是从他收到的所有“验证者”凭证中找出按字典排序最小者，但因为网络通信原因，“领导者” l^r 发出的信息可能没有到达“验证者” i 处；二是“领导者” l^r 可能被“敌对者”腐化，对不同“验证者”发出不同的候选区块；三是“验证者” i 本身可能是恶意的。

步骤 1.2：“验证者” i 将 v'_i 发给其他用户（这对其他“验证者”都适用，下同）。

步骤 1.3：当且仅当“验证者” i 在步骤 1.2 中收到的某一 x 的次数超过了 $2t+1$ 次（即 $\#_i^2(x) \geqslant 2t+1$），他将 x 发给其他用户。

---

① 为控制通信成本，实际上用的是候选区块的哈希摘要。

输出："验证者" i 按以下规则输出 (v_i, g_i)：

- 如果存在 x 使 $\#_i^3$ (x) $\geq 2t+1$，则 $v_i = x$，$g_i = 2$；
- 如果存在 x 使 $\#_i^3$ (x) $\geq t+1$，则 $v_i = x$，$g_i = 1$；
- 否则，$v_i = \Phi$，$g_i = 1$，其中 Φ 代表空区块。

可以证明，分级共识协议的输出 $\{(v_i, g_i): i = 1, 2, \cdots, n\}$ 满足下列性质：

- 对任意诚实"验证者" i 和 j，$|g_i - g_j| \leq 1$；
- 对任意诚实"验证者" i 和 j，如果 g_i、$g_j > 0$，那么必有 $v_i = v_j$；
- 如果存在 v，使 $v_1' = v_2' = \cdots = v_n' = v$，那么对所有的诚实"验证者" i，均有 $v_i = v$，$g_i = 2$。

因此，分级共识协议的输出 $\{(v_i, g_i): i = 1, 2, \cdots, n\}$ 存在两种可能的情形。情形一：如果存在诚实"验证者" i，使 $g_i = 2$，那么对任意其他"验证者" j，必有 $g_j \geq 1$，$v_j = v_i$，也就是所有诚实"验证者"输出的候选区块是一样的。当然，如果一开始的"验证者"收到的候选区块都是 v，那么最后一批"验证者"输出的也将都是 v。情形二：对所有的诚实"验证者" i，$g_i \leq 1$，并且他们输出的候选区块不一定相同。

(2) 二元拜占庭协议

首先，基于分级共识协议的输出 $\{(v_i, g_i): i = 1, 2, \cdots, n\}$ 对每个诚实"验证者"赋值：如果 $g_i = 2$，那么 $b_i = 0$；否则，$b_i = 1$。这些 b_i 就是二元拜占庭协议的输出。对应着前面的讨论，此处也存在两种情形。情形一：存在诚实"验证者" i，使 $b_i = 0$。情形二：对所有诚实"验证者" i，均有 $b_i = 1$。

因为二元拜占庭协议可能经过多次循环，用计数器 γ_i 表示"验证者" i 经历的循环的次数。开始时，γ_i 赋值为 0。

步骤 2.1："验证者" i 发出 b_i。

- 如果 $\#_i^1$ (0) $\geq 2t+1$，那么"验证者" i 设定 $b_i = 0$，输出 $out_i = 0$，并停止执行协议（可以认为他以后将一直发出 $b_i = 0$）；
- 如果 $\#_i^1$ (1) $\geq 2t+1$，那么"验证者" i 设定 $b_i = 1$；
- 否则，"验证者" i 设定 $b_i = 0$。

步骤 2.2："验证者" i 发出 b_i。

- 如果 $\#_i^2$ (1) $\geq 2t+1$，那么"验证者" i 设定 $b_i = 1$，输出 $out_i = 1$，

并停止执行协议（可以认为他以后将一直发出 $b_i=1$）；

- 如果$\#_i^2$（0）$\geq 2t+1$，那么"验证者"i 设定 $b_i=0$；
- 否则，"验证者"i 设定 $b_i=1$。

步骤2.3："验证者"i 发出 b_i 和 SIG_i（Q^{r-1}，γ_i）。

- 如果$\#_i^3$（0）$\geq 2t+1$，那么"验证者"i 设定 $b_i=0$；
- 如果$\#_i^3$（1）$\geq 2t+1$，那么"验证者"i 设定 $b_i=1$；
- 否则，用 S_i 表示所有给"验证者"i 发送消息的其他"验证者"集合，定义 $c=lsb\left((\min_{j\in S_i}H(SIG_j(Q^{r-1},\gamma_j))\right)$（$lsb$ 表示一个数的二进制表述中的最右边位置上的数字），"验证者"i 设定 $b_i=c$，并且 γ_i 的计数往上调1位，回到步骤2.1。

鉴于哈希函数的性质，步骤2.3的最后一个情形实际上是将 b_i 随机地赋值为0或1。

可以证明，在二元拜占庭协议中，每个诚实"验证者"i 都能以概率1停止并输出 $out_i\in\{0,1\}$，并且：

- （共识性）存在 $out\in\{0,1\}$，使得对任意诚实"验证者"i，均有 $out_i=out$；
- （一致性）如果存在 $b\in\{0,1\}$，使得对任意诚实"验证者"i，均有 $b_i=b$，那么 $out=b$。

（3）拜占庭协议BA★的输出

BA★的输出：对诚实"验证者"i，如果二元拜占庭协议的输出 $out_i=0$，则输出 v_i（分级共识协议的输出）；否则，输出空区块 Φ。

可以证明，BA★满足拜占庭协议的要求：最后一批诚实"验证者"输出的区块是相同的；如果一开始的"验证者"收到的候选区块都是 v，那么BA★的最终输出也是 v。

5. Algorand的测试情况

MIT计算机科学和人工智能实验室对Algorand进行了模拟测试①。他们的测试在亚马逊云上进行，使用了1000台EC2虚拟机，发现：

① 参见Gilad, Yossi, RotemHemo, Silvio Micali, Georgios Vlachos, and Nickolai Zeldovich, 2017, Algorand: Scaling Byzantine Agreements for Cryptocurrencies，本节引用的图均来自这篇文章。

第一，Algorand 能在 1 分钟内确认交易，而且确认交易的时间随着用户数量的增加，变化不大。

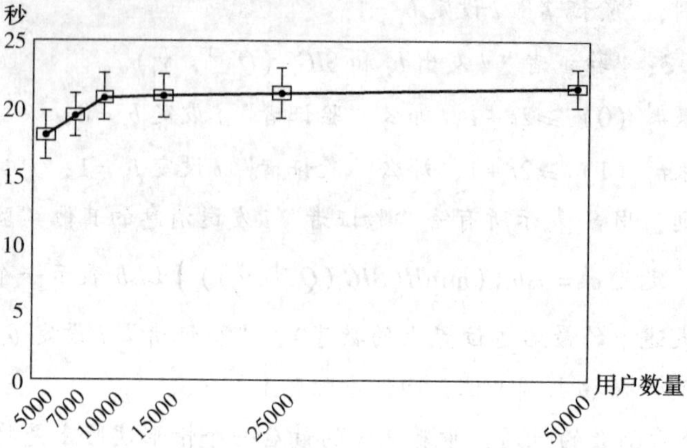

图 5-10 不同用户数量的交易延迟情况（从 5000 名用户到 5 万名用户）

第二，将用户数固定在 5 万名，测试不同区块大小对通量（Throughput，可以用产生一个区块的平均耗时来衡量）的影响。可以看出，区块越大，构建区块的耗时越长，但对拜占庭协议 BA★的运行时间影响不大。

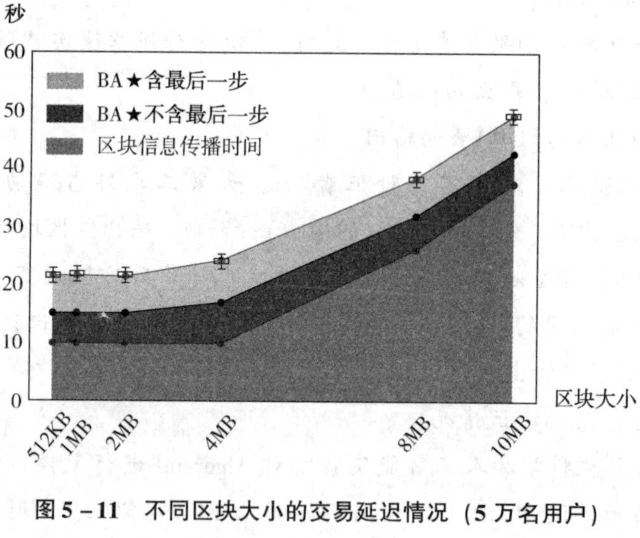

图 5-11 不同区块大小的交易延迟情况（5 万名用户）

五、加密技术

加密技术是常用的安全保密手段，最早应用于军事领域对军事信息的传递进行加密。最早的加密技术[①]可以追溯到古希腊时期斯巴达城使用的斯巴达密码棒（Scytale）[②]，其原理就是利用木棍对信息字母进行简单的位移，只有将写有信息的长条皮革缠绕在特定直径的木棍上时，才能阅读出信件的真实信息，否则只是一堆无意义的字母组合。到了古罗马时期，出现了非常著名的凯撒密码（Caesar Cipher）。20 世纪 60 年代后，随着计算机和通信技术的发展，个人对以数字形式存储的信息的安全需求逐渐增加，加密技术不再仅仅是一个用于公共服务的工具[③]。

加密技术包括加密和解密两个运算过程。加密是指将特定可读的信息或数据（明文）转化为不可读的内容（密文）的过程，这个过程一般需要算法和密钥两个元素，具体过程对不同的加密技术来说有所不同。而解密就是加密过程的逆运算，是将不可读的密文恢复为明文的过程，这个过程也需要密钥的参与。

（一）加密技术的分类

依据加密过程和解密过程使用的密钥是否一致，可以将加密技术分为两类：对称加密和非对称加密，也称为私钥加密和公钥加密。

1. 对称加密

对称加密（私钥加密），顾名思义，即加密和解密两个过程使用的密钥相同。双方（或多方）使用相同的密钥来对需要传递的信息或数据进行加密或解密以构建一个信息通道从而达到交流传输的目的。

---

① 关于密码学的历史发展，参见 Kahn D. The Codebreakers［M］. Scribner，1996。该书全面介绍了从 4000 年前到 20 世纪有关密码学的重大发展事件。

② Kelly T. The Myth of the Skytale［J］. Cryptologia，1998，22（3）：244－260.

③ Menezes A J，Vanstone S A，Oorschot P C V. Handbook of Applied Cryptography［M］. CRC Press，1997.

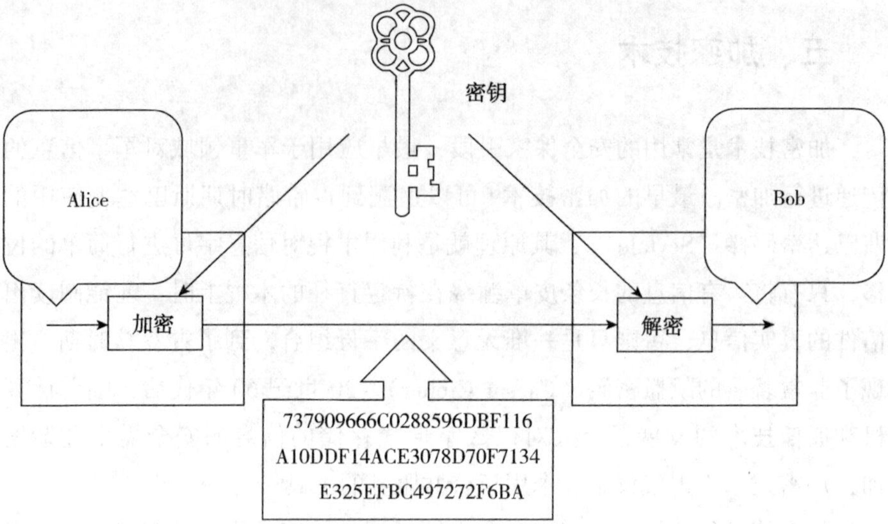

图5-12 对称加密技术（DES）

这种加密技术存在着几项缺陷：

- 密钥分享。在安全加密的信息通道建立前，无法相信其他媒介未加密的通道。用户之间难以安全地分享密钥，特别是在用户之间距离较远的情况下。
- 密钥储存。各用户的密钥都是相同的，如果其中一个用户出现问题，密钥会被第三方利用来发送不利于通道的信息或者获取用户的隐私信息，可能都会对整个信息通道的安全性造成严重威胁。
- 消息验证。对称加密无法对发送的消息或数据进行签名认证，因此无法确认消息或数据是否真正来自特定发送方。

2. 非对称加密

非对称加密（公钥加密）指在加密和解密两个过程中使用不同密钥。在这种加密技术中，每位用户都拥有一对钥匙：公钥和私钥。在加密过程中使用公钥，在解密过程中使用私钥。公钥是可以向全网公开的，而私钥需要用户自己保存。这样就解决了对称加密中密钥需要分享所带来的安全隐患。由于公钥公开，任何用户都可以利用特定用户的公钥，对消息或数据加密保护然后发送给该用户。收到消息后，该用户利用独有的私钥对接收到的内容进行解密，以获取信息。由于除了该用户之外，没有其他用户拥有能够对该密文解密的私钥，因而该密文对其他用户来说是不可读的。这样就能让收发双方放心地将加密消息或数据在网络中传播。通过共享私钥来建立信息通道的方式不再是必要的，用户拥有的一对公钥和私钥就是安全的信息通道保障。

非对称加密技术能够实现并且能够保证安全的关键是任何人利用公开的公钥在操作上不太可能推导或计算出该用户的私钥。注意，这里指“在操作上（主要指利用计算机进行计算）不太可能”，并不意味着在理论上绝对不可能。事实上，我们可以假设存在这样一个程序，能够轻松地解决这样的逆运算问题，只是没有人知道如何构造这样的程序。

（1）陷门函数（Trapdoor Function）

陷门函数是有陷门的特殊单向函数，即从 X 向 Y 计算非常容易，但在没有特定信息的情况下，从 Y 计算 X 非常困难①。陷门函数也可类比为和面，从面粉到面团的方向是容易的，只需要将面粉和适量的水混合，加以揉搓便可以得到面团，但是从相反的方向，将面团变成面粉和水就有很大难度。理论上，完美的陷门函数是否存在还没有得到证明。但是从密码学的角度看，只要逆运算“困难”到一定程度，就能利用这个性质构造密码算法②。

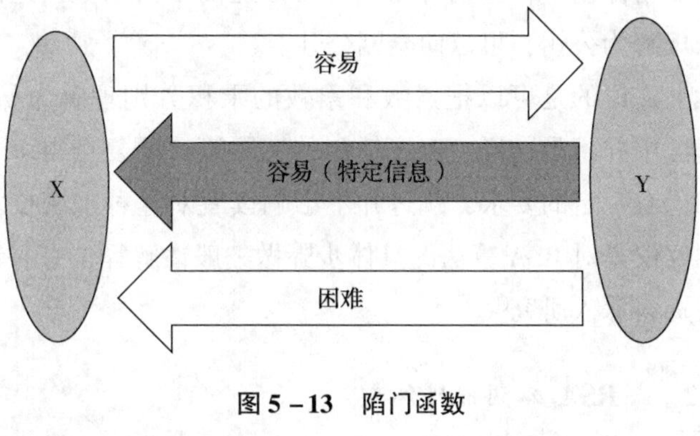

图 5－13　陷门函数

公钥加密利用的就是这类函数的特性，可以把私钥理解成图 5－13 中

① 这里的“容易”和“困难”指的是在实际操作过程中的难易。

② 郑东．密码学（第 2 版）［M］．北京：电子工业出版社，2014.

的 X，公钥是图中的 Y，每位用户利用自己的私钥 X，利用陷门函数来生成自己的公钥 Y，并向全网公开公钥，这样每位用户都有一对钥匙，不必担心公开公钥会泄露私钥。

能够被密码学利用而建立公钥加密体制的此类数学问题主要有：

- 基于大整数分解问题；
- 基于椭圆曲线上的离散对数问题；
- 基于二次剩余的问题；
- ……

（2）基于大整数分解问题的 RSA 公钥密码体制

素数指只能被数字本身以及 1 整除的数。计算两个大素数的乘积很容易，但是分解两个大素数的乘积却非常困难。11 乘以 13，可以非常容易地计算出结果是 143，但是将 143 因式分解的难度要大于乘积的计算。如果这个乘积是较大的数字，例如 547531，在不借助计算机的情况下能够算出是 557 与 983 的乘积的难度非常大。如果选择的两个素数足够大，使乘积更大，那么即使是利用计算机，想要快速地因式分解也非常困难。

RSA 密码体制就是基于这样的问题。RSA 密码体制由 Rivest、Shamir 和 Adleman 在 1978 年提出，并且是第一个受到广泛应用的公钥密码加密技术。在这个加密体制中，私钥可以理解为是这两个大素数，这两个大素数的乘积可以理解为公钥，可以向全网公开。

注意，上文说的是可以把素数和素数的乘积分别理解为私钥和公钥，但在实际算法中并不是这样，RSA 体制的实际算法要复杂得多。下面的内容对数学知识有一定的要求，跳过并不影响读者对这种加密技术原理的理解，这里也仅仅是对 RSA 算法的具体步骤做一般性解释，有兴趣的读者可以查找相关资料深入研究①。

专栏 5-2　RSA 公钥密码体制

1. 随机选择两个大素数：p 和 q；

① 读者可阅读 Rivest、Shamir 和 Adleman 在 1978 年发表的论文“A Method for Obtaining Digital Signatures and Public-key Cryptosystems”。

2. 计算两个素数的乘积：$n = p \cdot q$；

3. 计算欧拉函数[①]：$\varphi(n) = (p-1)(q-1)$；

4. 选择一个整数 e，但是要求 e 满足：$1 < e < \varphi(n)$ 并且要与 n 互素；

5. 计算私钥 d 的值：$d = e^{-1} mod(\varphi(n))$。

这时用户的公钥便是 (n, e)，可以公开，而私钥是 (p, q, d)，需要用户自己保密。根据第五步中的公式，要计算出 d 必须要知道 $\varphi(n)$ 的值。而算 $\varphi(n)$ 的值，在知道 n 的因式分解的情况下（也就是 p 和 q）非常简单，但是，如果仅仅知道 n 的值，这样的反向计算非常困难。

加密时，用户利用公钥将信息 m 转化为密文 y：$y = m^e (modn)$；然后将密文发送给接收方，接收方接收到密文后，利用私钥对密文进行解密：$m = y^d (modn)$，得到明文。

加密技术的安全性就是破解的困难程度，在 RSA 公钥密码体制中，其安全性取决于对乘积 n 因式分解的难度。一般来说，因式分解难度的大小与数字的大小正相关。所以决定 n 大小的 p 和 q 也决定了这种加密技术的安全性。随着计算机算力的不断提升，为了保证 RSA 加密技术的安全性，就必须从增大 p 和 q 入手，从而增大 n，一般来说密钥的长度不能小于 1024 比特[②]，有些环境下也会使用 2048 比特。但安全性与便捷性不可兼得，一般日常生活中使用到的手机等移动设备以及家用电脑的算力不能和专业大型计算机相比，因而在每次执行加密算法时都要耗费更多的时间，这样带来的安全性牺牲了使用过程中的便捷性。

（3）基于椭圆曲线上的离散对数问题的公钥密码体制

另一种被广泛使用的密码体制是基于椭圆曲线上的离散对数问题的公钥密码体制。椭圆曲线问题的研究已经有了上百年的历史，有着丰富的研究内容，而离散对数问题一直都是数学界的一个难题，目前世界上并没有快速求解离散对数的方法。下面以尽可能浅显易懂的语言介绍如何利用椭圆曲线上的离散对数问题来构建公钥密码体制。

---

① 这里的欧拉函数（Euler's Totient Function），指的是对于整数 n，小于 n 的正整数中与 n 互质的数。

② 比特：Bit，二进制数字中的位。

试想这样一种情景，你的朋友约你去打台球，但他/她比你早到一个小时，并且先开始用白球击打黑球，假设台球桌上没有其他球，也没有可以得分的洞，两个球始终都只在球台表面移动。你的朋友在一个小时的时间里做的事情就是不断用白球击打黑球（击球的频率没有规则，他/她可以在任何时候停下来休息）。等你到了之后，你的朋友告诉你黑球刚开始的位置以及黑球现在的位置，让你根据这两个位置的信息，推测出黑球共被击打了多少次？

如果再将上面情景的一个小时换成一天或者一个月，或者根本就不知道击球时间呢？很显然对于上述情景，想要回答出问题只能是不停地猜测这个次数。而当这个次数的正确答案在一个巨大的范围内时，实际上能够正确回答这个问题的可能性几乎为零①。基于椭圆曲线上的离散对数问题的公钥加密机制跟上述问题十分相似。

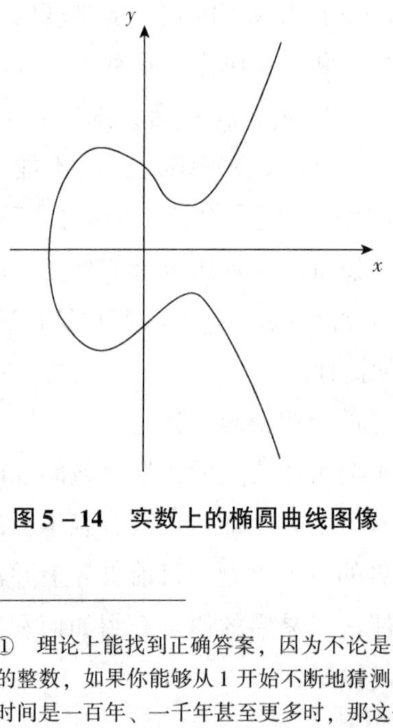

图 5－14　实数上的椭圆曲线图像

椭圆曲线的图像并不是一个椭圆，其名字的由来是因为这个问题始于对椭圆周长的研究。下面用一个例子②来说明椭圆曲线的图像以及其如何用来建立公钥加密体制。

图 5－14 是椭圆曲线一般形式的一种，可以看出这个图像关于 x 轴对称，不同的椭圆曲线的方程参数取值不同会使其形状也不一样，但是这个对称性质不变。在密码学的应用上，椭圆曲线的真实图像是

① 理论上能找到正确答案，因为不论是一个月还是一年，击球的次数始终有限，会是一个存在的整数，如果你能够从 1 开始不断地猜测，理论上总有一天你能猜对正确答案。但是如果花费的时间是一百年、一千年甚至更多时，那这个正确答案显然没有什么意义，所以在实际操作中把这样的情况可以归为不可能回答得出正确答案。

② 这里只是椭圆曲线参数取值的一个情况，并且文中没有给出椭圆曲线的定义以及一般形式，有兴趣的读者可以阅读 2007 年由科学出版社出版的《椭圆曲线及其在密码学中的应用》，作者为恩格。

由坐标上的点构成的，并且这些点被包含在一个有限空间内，参数的作用可以简单理解为实际算法中使用到的椭圆曲线上的点的个数。调整椭圆曲线的参数可以改变有限空间①的大小（可以将参数的作用理解为能够控制台球情景中台球桌的大小），后文将会详细介绍参数。

以台球为例，接下来就开始介绍在椭圆曲线上的“击球”过程。在椭圆曲线上的“击球”和在球台上的击球过程类似，是将曲线上的一个坐标点移动到另外一个坐标点（击球时是将球从一个位置移动到另一个位置）。这个操作在椭圆曲线上叫作“加”。

“加”的操作有两种，第一种是不同的两个点相“加”，第二种是相同的点相“加”，这里采用的是同点相“加”。假设坐标点的起始点是 P 点（球的起始点），经过一次“加”（一次击球）：$P+P$ 得到 $2P$：在图像中的 P 点处画一条经过 P 点的切线，这时候会得到切线与椭圆曲线的第二个交点，而这个交点的关于 x 轴的对称点 $2P$ 就是经过一次“击球”的球的位置，如图 5－15 所示。

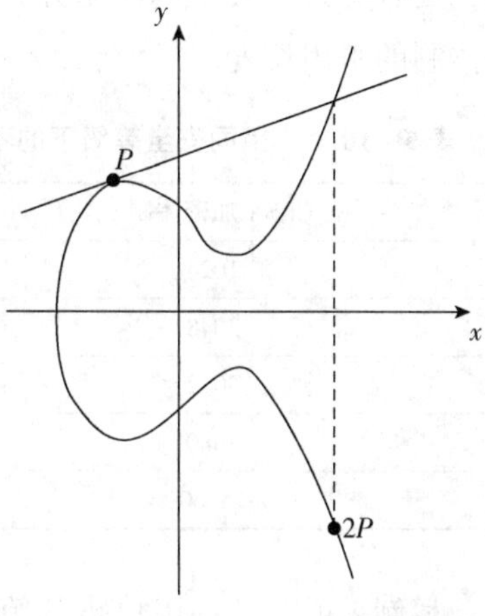

图 5－15　椭圆上的同点相“加”

第二次的“加”操作也和之前一样，在 $2P$ 点做一条切线，然后取这条切线与椭圆曲线的交点关于 x 轴的对称点，得到 $3P$ 点。经过 $n-1$ 次“加”的操作，最后得到的点为终止点（停止击球后，球在球台的最后位置），为了方便称为 Q 点，所以 $Q=nP$，这里的 Q 和 P 是坐标上的点，而 n 则是一个常数。

在这个加密体制中，P 和 Q 就是公钥，而 n 则是私钥。回想一下台球的情景，球的起始位置和最终位置就相当于是椭圆密码体制里的公钥，而击球次数则是坐标点的操作次数，也就是私钥。基于椭圆曲线上的离散对

① 这里涉及群的知识，本书不做深入。有兴趣的读者可参见“The Arithmetic of Elliptic Curves”，作者为 Silverman J. H.。

数问题的特性，使在知道私钥 n 的情况下非常容易计算出 Q，但是相反，在知道 P 和 Q 的情况下却难以反推出私钥 n。

参数的另外一个作用是调整这种加密技术的安全性，参数的范围越大，可“加”的次数也就越多，猜中或者计算出真实的私钥（n）的可能性就越低，使加密技术的安全性越高。

基于椭圆曲线上的离散对数问题的公钥密码体制得非常广泛地运用于网络中。事实上，比特币中的加密技术运用的就是这个机制。与上文提到的基于大整数分解问题的 RSA 公钥密码体制相比，其效率更高，速度更快，更省算力。表 5－10 说明了为了达到相同的加密安全等级，需要的两种体制的密钥长度。

表 5－10　相同安全等级下的不同加密体制需求密钥长度对比　单位：比特

RSA 加密体制	椭圆曲线离散对数密码体制
1024	160
2048	224
3072	256
7680	384
15360	512

举例来说，某一用户想从第一级的安全等级到达第三级的安全等级，那么在 RSA 的体制中，该用户需要将密钥的长度也增加到约三倍于原来长度（1024 比特到 3072 比特），而在椭圆曲线离散对数密码体制中，该用户只需要增加到约为原来的 1.6 倍（160 比特到 256 比特）。在不削减安全等级的基础上，椭圆曲线离散对数密码体制大大降低了密钥储存空间，对计算机算力的压力更小，计算时间更短。

（二）加密技术的典型应用

公钥加密技术的一个重要应用是数字签名。数字签名与传统的物理签名有相似之处，都是用于验证签名人的身份信息，确定信息发送方的身份。与传统物理签名不同的是，数字签名签署的并不是信息本身，而是由信息计算而来的一段信息摘要。根据所选函数的特点，这个过程还能对信息的完整性以及是否被篡改进行验证。除此之外，与传统物理签名不同的另外一点是，数字签名签署的是用户私钥，本质上是一段保密的数字。完整的数字签名包含两个过程，第一个过程是签名，第二个过程是验证签名。接下来首先对数字签名过程简化描述，之后再以比特币为例详细介绍。

需要注意的是，进入签名的并不是原信息，而是信息摘要。信息摘要是指由原来信息利用哈希算法（Hash Algorithm）计算生成的一段固定长度序列（后文详细介绍此过程）。除此之外，在验证时，不同的用户应使用不同的公钥。

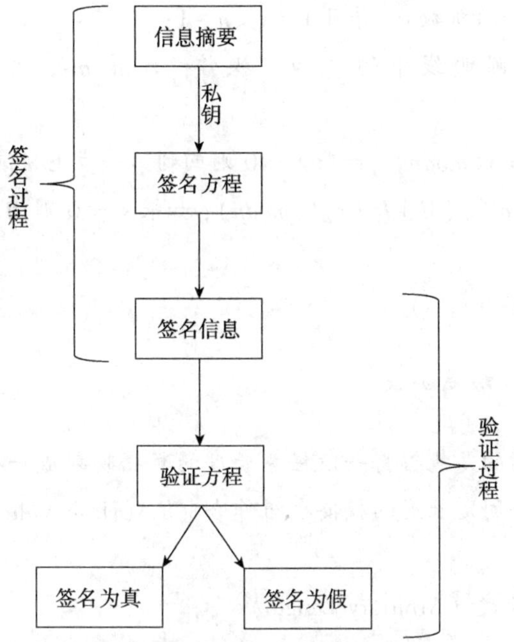

图 5－16　简化的签名及验证过程

这样，利用公钥加密机制生成的一对钥匙就可以被利用到数字签名中。只要用户能够保存好自己的私钥，确保自己的数字签名不会被复制或窃取，那么利用公钥验证成功的信息就一定来自私钥的拥有者。

专栏 5－3　比特币中的数字签名过程

G：椭圆曲线中的起始点

n：椭圆曲线的一个参数，决定椭圆曲线有限空间的范围

mod：模运算

K：私钥

Q：$Q=K\cdot G$，表示公钥

签名过程：

1. 利用哈希算法计算信息摘要 M；

2. 产生一个随机数 a，并且 $1<a<n-1$；

3. 通过椭圆曲线中的“加”操作，计算 aG，并且将该点记作 (x, y) 点；

4. 计算 $r=x(modn)$，如果 $r=0$ 则回到第一步重新选择 a；

5. 计算 $s=a^{-1}(M+K\cdot r)(modn)$，如果 $s=0$ 则回到第一步重新选择 a；

6. 得到签名 (r, s)。

专栏 5－4　哈希函数

哈希函数指的是能够将一段任意长度的数据映射成一个固定长度的摘要的函数，这个固定长度的摘要也叫作哈希值（Hash Value）。哈希函数有以下四个特点。

（1）任意长度（Arbitrary Length）

哈希函数的输入可以是任意长度的数据，而输出的哈希值大小一般不会超过 512 比特。所以在数字签名方面利用哈希函数能够显著地提高签名的效率。在这种情况下，用户对哈希值签名，而不是对原有的数据进行签名。特别是在数据量大的情况下，能够减少数字签名包括验证签名在内的过程的运算量，降低对计算机算力的要求，缩短运算时间，提高签名效率。

（2）确定性算法（Deterministic Algorithm）

哈希函数是一种确定性算法，意思是对于同一个输入，哈希函数的输

出总是一致的。这个特性可以很好地检验数据的完整性以及是否被篡改。例如，用户在网站上下载了一个程序，但是该用户怀疑下载的文件被第三方修改过，可能会对自己的电脑有某些潜在威胁。那么用户就可以将自己下载的文件作为输入放入哈希函数中，得到哈希值，然后再从程序官网查询官方提供的哈希值，进行对比，即可判断程序的完整性。

（3）不可逆过程（Non – Invertible Process）

为了保证哈希函数在密码学中使用的安全性，哈希函数被设计为一个不可逆的过程。这意味着哈希函数也是一种具有“单向”性质的函数，在知道数据输出的情况下，无法在实际操作中计算出原数据。值得注意的是，同陷门函数一样，哈希函数不需要在理论上满足这个条件，只要哈希函数能够满足这个逆运算是无法在现实中实现即可。

这个属性还隐藏了哈希函数需要满足的另一个条件，即从哈希函数的输出中，无法找到任何规律①。历史信息对于哈希函数下一次映射的作用为零。对于哈希函数输出空间中的任意值，数据映射到输出空间任意一点的概率都是相等的。可以这样简单理解：在抛硬币的过程中，无论已经抛过的次数以及结果是什么，下一次抛硬币的结果正反面的概率相等。

（4）碰撞阻力（Collision Resistance）

碰撞指的是对于两个不同的输入值，产生相同的输出。而哈希函数要求这种情况不能在实际应用中出现。即对于不同的输入，哈希函数总能产生不同的输出。这个属性同不可逆的属性一样，只是要求在实际的操作中满足即可，不需要在理论上成立。事实上，我们能够轻松地证明，对于一段固定长度输出的哈希函数，在理论上永远不能满足碰撞阻力的条件。

鸽笼原理（Pigeon Principle）指出，如果将 n 个物品放入 m 个格子里，并且 $n > m$ 的情况下，至少在 1 个格子里有 2 个或者超过 2 个物品。在哈希函数中，由于输出长度是固定的，为 2^n 字节，n 的取值由不同的哈希算

① Shannon C E. Communication Theory of Secrecy Systems [J]. Bell System Technical Journal, 1998, 15 (1): 57.

法决定，有 160、256 等。这意味着哈希函数的输出值的个数是有限①的。而输入数据的可能却是无限的，将无限的数据映射到有限的空间里，必然存在数不清的碰撞情况出现。这里以 2^{80} 为例，假设哈希函数的映射过程都是完全随机的，那么只需要将 $2^{80}+1$ 个不同的数据输入，那么必然能找到两个不同的输入产生了相同的输出。这意味着，最多利用计算机尝试 $2^{80}+1$ 次，即可找到这个哈希函数的碰撞，这样外部攻击者就可以利用这个来攻击这个系统。然而实践证明，如果攻击者想要攻击这个系统，他只需要利用计算机进行 2^{40} 尝试，检查 2^{40} 个数据的输出即可。那这是为什么呢？这是因为攻击者可以利用生日攻击（Birthday Attack），这个攻击是基于生日悖论（Birthday Paradox）。生日悖论并不是逻辑上存在的悖论，而是因为其表述的数学事实和一般常理相抵触，因而被称为悖论。

生日悖论②基于这样的一个问题：在一个房间内至少需要多少人，才能够使至少有两个人的生日是相同的？按照上文中鸽笼原理的分析，只要这个房间内拥有 365 人以上，那么一定至少有两个人的生日是相同的。如果把这个概率降低，以 50% 的概率作为较高概率，那么直觉告诉我们，这个房间大约需要 183 人（一年的一半）。但是事实上要达到这个概率，房间里所需要的人数远远小于这个数字，仅仅需要 23 人！

如果房间里已经存在一个人，那么加入第二个人之后，两个人的生日不冲突的概率为

$$P_2 = 1 \times \frac{(365-1)}{365}$$

加入第三个人，三个人的生日不发生冲突的概率为

$$P_2 = 1 \times \frac{(365-1)}{365} \times \frac{(365-2)}{365}$$

因而，加入第 n 个人，这 n 个人的生日不发生冲突的概率为

$$P_n = 1 \times \left(\frac{365-1}{365}\right) \times \left(\frac{365-2}{365}\right) \times \cdots \times \left(\frac{365-(n-1)}{365}\right)$$

---

① 计算机以二进制读取处理数据，2^{160} 指的是每个字节都可能是 0 或 1，一共 160 个字节，这样最多只有 2^{160} 个数。

② 分析中一年按照 365 天计算。

这样，在 n 个人的房间里，至少有 2 个人生日有冲突的概率为

$$P(\text{至少有一个冲突}) = 1 - P_n$$

如果将这个概率设定为 50% 并代入上面的式子，得出的结论是只需要 23 人，即

$$1 - 1 \times \left(\frac{365 - 1}{365}\right) \times \left(\frac{365 - 2}{365}\right) \times \cdots \times \left(\frac{365 - 22}{365}\right) \approx 50.7\%$$

这个结果是与一般直觉相违背的。

所以，在这个生日悖论的基础上再重新分析哈希函数的碰撞问题，如果以 50% 的概率为基准的话，利用上面的分析，经过计算可以得出，如果是在输出长度为 2^n 的情况下，攻击者只需要进行 $2^{n/2}$ 次尝试即可。所以，在找到碰撞概率为 50% 的基础上，为了使哈希函数能够达到一定数量级（2^n）的碰撞阻力的属性要求，其输出长度就必须达到双倍数量级（2^{2n}）。

常用的哈希函数的输出长度一般达到 256 比特，有些达到 512 比特，而当前的计算机受到算力的限制，无法在短时间内找出碰撞。

在比特币中使用的哈希函数是 SHA256，即输出长度为 256 比特。SHA256 算法被用于比特币的公钥生成①和交易信息摘要，使区块储存的信息只是交易信息的哈希值，节省了储存空间。除此之外，比特币的“挖矿”过程，也是利用计算机运行 SHA256 算法。

① 这个阶段还包括了另外一个哈希算法：RIPEMD160。

第六章　监管科技细分领域

在第五章详细介绍监管科技五大关键技术的基础上，本章对五大技术应用于金融监管和合规的七大细分领域（数据处理、用户身份识别、网络安全、市场行为监控、风险管理、合规报告和法律法规跟踪）进行深入研究。本章分别从各自领域的发展现状及面临的挑战出发，提出监管科技为现有困境提供解决方案的新思路和新方法，并辅以案例进行说明。

一、数据处理

（一）新数据要求下数据处理“大敌当前”

随着互联网、物联网和社交媒体等信息技术的快速发展，全球数据存储量呈爆炸式增长，国际数据公司（International Data Corporation，IDC）发布的《数字宇宙研究报告》称，预计到2020年，全球新建和复制的数据量将会超过40ZB，中国的数据量将会超过8ZB。数据将是数字时代的新“能源”，数据处理能力将是决定企业未来核心竞争力的关键所在。对金融行业而言更是如此，金融业务在开展过程中会产生海量高价值数据，基于这个特性，金融行业天然地具备将数据价值变现的巨大潜力。

金融监管对数据的依赖程度日益提升。监管部门规定金融机构提供的风险数据不仅要结构规范，还要具备较高的颗粒度。比如，巴塞尔银行监管委员会（Basel Committee on Banking Supervision，BCBS）在2013年提出的《有效风险数据聚合和风险报告原则（BCBS 239）》中规定，全球系统重要性银行（G-SIBs）内部需建立完备的基础设施，实现风险数据自动聚合，同时，风险数据要在精确性、完整性、实时性和适合性等方面达到监管要求。欧洲议会在2016年4月通过的《一般数据保护条例》（*General Data Protection Regulation*，*GDPR*）将于2018年5月生效，GDPR规定了数据控制（含移动应用）和处理需要有足够的技术和措施来确保其数据和移动应用的完整性。这些安全措施必须能够应对数据处理面临的风险，如所传输或存储的个人数据被篡改、丢失、未经授权披露或被恶意攻击。此外，欧洲保险与企业年金监管局（European Insurance and Occupational Pensions Authority，EIOPA）接管的欧盟偿付能力Ⅱ（Solvency Ⅱ）项目也对保险公司的报告提高了要求，现在的报告模板（年度/季度）中共有75000多个数据需要填报。

但是，现阶段仍有很多金融机构难以满足监管部门提出的数据要求，主要有以下四个方面的原因：第一，许多金融机构的IT设施还不够完善，数据处理能力还较为落后。第二，数据质量无法满足监管要求。金融业务开展过程中会产生大量文本、图像、音频、地理位置、连续性信号等非线性、非结构化的数据，这类数据还需进一步的清洗和加工，才能达到监管要求。第三，随着交易品种的丰富、交易方式的创新以及交易系统的升级，由交易产生的数据量急剧上升，尤其是高频交易，往往涉及海量数据。海量数据加剧了数据处理的难度，金融机构需要具备高端的服务器，甚至具备大型机房。第四，数据孤岛问题，主要表现是金融机构之间、监管部门之间以及监管部门和金融机构之间的信息割裂。产生该问题的原因有两个：一是不同金融机构之间的数据标准化程度不同，无法实现数据的有效流通和共享；二是金融机构忧虑数据的安全性和完整性在数据流通和共享过程中无法得到有效保护。

（二）监管科技为数据处理提供的新思路

针对数据处理存在的问题，大数据、云计算、人工智能、加密技术和区块链等新兴科技借助自身特有的技术优势，提供了全新的解决思路。

1. 大数据

随着数据量的爆发式增长，新数据不断地涌现，传统数据分析方式的局限性日益凸显，大数据技术成为必选项。

数据映射（Data Mapping）是指给定两个数据模型，在模型之间建立数据元素的对应关系，有助于金融机构或监管部门将从不同渠道收集到的数据或通过不同分析方法形成的数据连接起来，使存储在不同位置的等效项目相互匹配。比如，监管部门通过数据映射能快速找出不同网贷平台的共同用户，并将同一用户的数据进行匹配和汇总，可迅速获知网贷市场多头借贷的情况和高风险用户名单。数据映射还能通过金融数据的相互连接、相互比较和相互协调，高效地找出财务报表和合规报告存在的异常或错误数据。

数据可视化技术借助于图形化手段，清晰有效地将大数据分析结果呈现给监管部门和金融机构，降低了数据的理解难度，帮助监管部门和金融机构的工作人员更容易地分析数据之间的深度关联。以 Palantir 为例，Palantir 的 Metropolis 平台可将许多孤立的金融环境数据汇集到统一分析系统，以各类表格、散点图、地图、网络图、热点图、曲线图等形式快速展示和流畅交互，为用户提供一个分析金融数据相关的全盘视角，而且可视化功能随着数据源或分析条件的变化可以动态调整和实时响应，帮助用户实现实时跟踪。

2. 云计算

云计算作为一项数据集成技术，在数据共享领域具有天然优势。第一，在数据处理方面，云计算能对不同维度、不同类型、不同结构和不同形态的数据进行集中处理分析，通过标准化技术，实现金融机构之间数据的通用性。第二，通过将金融数据汇集到共享资源池，云计算能根据用户需求实现数据资源的动态分配和数据信息的流通共享。第三，云计算弹性收缩的特性能根据金融机构和监管部门的需求动态配备 IT 资源，有效提升监管合规系统的承受能力，当出现不可预知的爆发式检索需求增长时，云计算仍有足够的 IT 资源应对突发情况，由此避免使用需求达到阈值时可能出现的损失。第四，当监管要求发生变化时，云计算可灵活拓展各种新功能以应对新需求。此外，云计算平台也可以根据各地区政策的差异，灵活配置相应解决方案。第五，云计算可以快速、低成本构建灾备站点，且不受站点规模限制。通过在不同站点对共享数据进行备份，云计算平台上的金融数据具有很强的可恢复性。

监管科技对云计算的应用着眼于发挥其对数据资源的按需配置和开放式平台资源共享的优势，创建真正一体化和一致性的数据平台，制订行业的整体监督计划，提高监管资源的复用率，优化监管组织流程，提升监管合规应用的适应性和可扩展性。以互联网支付为例，互联网支付牵扯到商业银行、互联网支付机构、电信运营商、商户甚至外包服务机构等多个产业环节，容易导致交易信息和用户身份信息的分割。监管部门难以掌握反洗钱工作所需的充分信息，用户身份识别制度、交易记录保存制度和可疑交易报告制度的效力被大大削弱。借助云计算的数据共享平台，将不同产业环节的数据进行有效整合，能够大幅提高监管部门的反洗钱能力。

3. 人工智能

人工智能在数据信息处理方面具有天然优势，不仅能够高效处理大量级数据，而且能够将图片、语音、视频等复杂的非线性、非结构化数据转化为标准化、结构化数据进行分析。比如，人工智能在处理图像的时候，可先将图像表示为一个灰度数值的矩阵，然后通过检测器对灰度数值加以处理，从而得出图像的主要成分，如线段、曲线和弧度等，最后根据图像的主要成分来推测图像信息，并以适当的模型表示该图像。

此外，人工智能还具有自然语言处理能力，能够从语义层面上对数据信息进行分析，而不仅仅是停留在符号处理上。借助自然语言处理技术，监管部门不仅能从数以亿计的交易信息中快速提炼出有价值的交易信息，还能筛选出具有较强相关性或者可疑的交易数据，提高监管效率。

4. 加密技术

加密技术能有效保障金融数据在流通共享过程中的安全性和完整性，解除数据泄露的后顾之忧，使金融机构之间、监管部门之间以及监管部门和金融机构之间的数据流通和共享更加安全高效。一方面，加密技术可以设定查询方的访问权限。比如通过对监管数据信息增加访问授权等“安全标签”，使查询方只能查询指定的数据记录或数据库，以保证数据存储、流通的完整性和安全性。此外，共享平台还可以利用数据脱敏技术对某些敏感数据采取变形处理，实现敏感隐私数据的可靠保护。另一方面，信息共享平台可以采用安全多方计算（SMC），使多个互不信任的参与主体在不泄露各自输入信息的前提下，通过交互操作或非交互操作协同完成计算任务①。

5. 区块链技术

区块链技术的全网共识和不可篡改的特性保证了数据的可信性和真实性，为金融数据存储提供了新途径。市场交易数据、金融监管数据、社交网络数据和用户行为数据能以时间序列永久、安全地记录和存储在分布式账本上。金融机构之间、监管部门之间以及监管部门和金融机构之间能高效、便捷地点对点共享数据，实现金融业务活动的持续、动态监测，有利于优化监管工作和合规工作的流程和效率。此外，区块链技术借助算法机制和加密多重签字技术能有效保护用户的数据所有权，对解决大数据共享带来的用户隐私侵犯问题有很大的参考意义，同样也是应对数据保护监管制度的有效措施。

（三）案例分析

1. MoneyMate Group

MoneyMate Group 是一家专业的数据软件服务商，为全球资产管理公司、人寿保险公司和基金管理人等提供数据管理、数据交换和数据分析等服务。公司在 1991 年成立，总部位于爱尔兰都柏林，在英国伦敦、美国纽约、瑞典斯德哥尔摩以及意大利米兰等地区均设有办事处，旗下有 Accudelta 和 Silverfinch 两家数据处理公司。

Accudelta 是一家数据管理平台，为金融机构提供成熟的数据管理解决方案。公司采用结构化数据质量管理流程，提供有效的数据管理和数据治理框架，并通过各种渠道收集和导出各种形式的数据，来保障数据的准确性、完整性和一致性。此外，Accudelta 还通过多个业务访问接口，来为用户提供数据收集、数据聚合、数据验证等服务。

Silverfinch 是一家数据交换平台。随着零售保险投资产品组合（PRI-

① 蔺鹏，孟娜娜．监管科技的数据逻辑、技术应用及发展路径［J］．南方金融，2017.

IP）和 MiFID Ⅱ等新监管文件的生效，数据的收集、汇总和交换工作成为金融机构面临的新一轮合规挑战。资产管理公司需要以安全、可控和及时的方式向投资者以及合作伙伴提供头寸信息。Silverfinch 通过严格的访问管理，保持对上传到 Silverfinch 的所有数据的完全控制，为数据交换创建安全的中心场所，确保数据在安全的环境中完成分配，帮助金融机构达到监管要求。

此外，Silverfinch 还为用户提供其他数据管理服务：（1）数据汇总：从内部和外部整合所需的数据，以便填充行业标准管理模板；（2）数据富集：利用公司与数据提供商的合作伙伴关系，填补合规报告空白；（3）模板创建服务：所有的信息可以被格式化成标准的 TPT、C/EPT 和 EMT 格式，以便实现进一步的数据交换；（4）自定义模板：如果用户需求超出行业标准模板，公司可以帮助用户创建自定义模板，以其所需的格式共享数据。

2. X－Credit 信息盲交换系统

信息盲交换系统基于去中心化思想，采用加密技术，对参与者开放源代码。数据由金融机构存储和控制，交换系统本身看不到数据，也不存储数据，实现信息在机构间安全、公平、有效的流动。

以北京市互联网金融行业协会推出的 X－Credit 信息盲交换平台为例，该平台致力于解决“多头借贷”“羊毛党”“反欺诈”等难题。互联网金融企业为该系统提供数据，也可以共享其他企业所提供的数据。数据的共享主要表现在以下三个方面。第一，用户表现交换，了解用户在其他机构的投资及贷款表现。第二，零值用户交换，了解用户在其他机构的贡献。第三，被拒用户交换，了解用户在其他机构是否有被拒情况。此外，监管部门也可接入该系统，可以分析哪些平台多头借贷严重，哪些平台羊毛党严重，哪些平台欺诈行为严重，针对分析结果对高风险平台提出整改建议。

信息盲交换系统能得到互联网金融企业和监管部门的认可，主要原因之一是其运用了加密技术、区块链技术和开源技术。信息由数据源机构直接提供，无中介加工，信息完整度高、价值高。数据的提供、交换都由金融机构控制，而且信息交换全流程加密，极大地提高了数据的安全性。传输的内容皆为脱敏数据，第三方无法识别信息主体，也不会被其他机构滥用。采用按需交换的机制，只有需要信息的时候才会发生信息流动，不会出现恶意爬取数据的现象。大机构和小机构公平参与，作为对等节点加入信息交换链，各取所需。系统的接入协议对参与者开放，并提供源代码，参与者可以快速自行接入并能保证自身安全。

资料来源：引自北京市互联网金融行业协会官网，http：//bjwd. bjp2p. com. cn/。

图6-1　X-Credit信息盲交换平台

信息盲交换系统相对完善的数据共享机制，是监管科技具体应用的体现。随着信息技术在金融业务中的应用日益普及，各类金融信息主要以数字化形式存储，更多地借助技术手段提升信息采集和分析能力，进而提高监管覆盖面和效率，是完善金融监管长效机制的必然选择。

二、用户身份识别

（一）互联网带来的用户身份识别难题

用户身份识别是“了解你的客户”（Know Your Customer，KYC）和“客户尽职调查”（Customer Due Diligence，CDD）的重要组成部分，是指金融机构在与客户建立业务关系或与其进行交易时，根据法定的有效身份证件或其他身份证明文件，确认客户的真实身份，同时了解客户的职业情况或经营背景、交易目的、交易性质以及资金来源等。客户身份识别是实现反欺诈和反洗钱的重要举措，通过对客户身份的核实和商业行为的了解，金融机构能够有效地发现、报告和阻止可疑交易行为，防止金融机构成为洗钱、恐怖融资或其他金融犯罪的“帮凶”。

在互联网金融诞生以前，金融业务主要发生在金融机构的物理营业场所。工作人员能根据证件防伪特征等信息判断身份证件的真伪，银行业金融机构还会配备身份认证终端，通过中国人民银行的联网核查公民身份信息系统查询客户身份，确保客户、身份证件、联网核查信息三者一致。此外，工作人员还会通过面对面聊天、询问等方式更全面地掌握客户信息。

近年来，随着互联网进一步渗透到公众的日常生活中，越来越多的金融业务开始借助互联网这个新渠道，为客户提供更加便捷的金融服务，但是互联网的虚拟性也提升了客户身份识别的难度，主要体现在以下三个方面。

第一，实名制难以有效落实。以互联网支付为例，在《非金融机构支付服务管理办法》和《支付机构反洗钱和反恐怖融资管理办法》等规范性文件中，中国人民银行都明确规定互联网支付机构需要核实用户身份的真实性。但在实践操作中，互联网支付机构不存在物理网点，难以当面对用户进行身份识别，只能通过上传身份证件照片或扫描件和网络视频等方式代替，而通过以上方式设立的账户多为弱实名账户，有效性较低。

第二，持续性客户身份识别制度尚未建立。以网上银行业务为例，网上银行业务的开户一般要求客户在物理营业场所亲自办理，客户还需在开户申请书上填写个人信息并完成 KYC 认证流程。但是，在业务关系存续期间，客户主要通过密钥、证书、数字签名等方式完成识别客户身份。这导致金融机构在业务关系存续期间无法有效掌握客户身份信息发生变更、该账户是否由本人掌控等情况，不利于开展持续性客户尽职调查。

第三，网络跨境交易给金融机构查实实际受益人带来挑战。《金融机构客户身份识别和客户身份资料及交易记录保存管理办法》第三条规定，金融机构应当了解实际控制客户的自然人和交易的实际受益人。但是，在网络跨境交易中，资金的划转具有全天候、超越空间地理限制和瞬时到账等特点，如果发生多次跨国界的交易，识别最终交易的实际受益人非常困难，尤其是涉及那些反洗钱法律不完善的国家，要求这些国家的金融机构配合完成客户身份识别工作难度极大。

（二）监管科技使用户身份识别更加安全高效

1. 生物识别技术

生物识别技术不仅能够解决互联网带来的大部分身份识别难题，还能够提高客户身份识别的效率。一方面，人脸、虹膜、指纹、声纹、静脉检测等生物信息具有唯一性、稳定性、不易窃取和难以复制等特点，通过“身份证件+生物信息”建立的账户，其有效性和真实性都能够得到保障。此外，金融机构在互联网上就能通过生物信息判断账户是否由本人掌控，既保护了用户账户的安全，也不影响用户的体验。另一方面，生物识别技术不仅能够7×24小时不间断地服务，还能够并行处理多个客户的请求，效率更高，客户能够享受更加高效的金融服务。此外，像人脸识别等生物识别技术，其精确率已经超过肉眼识别①，这为人脸识别的安全性也提供了重要保障。

澳门特区政府表示，金融监管部门将分阶段、有序地加强中国内地银行卡在澳门自动柜员机取款业务的监控工作，并通过人脸识别等KYC技术来加强对取款人身份的辨识。人脸识别技术增加了取款的安全性，用户也避免了需要输入复杂密码和记住大量安全问题的答案，提升了操作体验。

2. 加密技术

终端设备（计算机、手机）在运行客户端时，需对操作客户端的用户进行身份验证。客户端登录密码是最基本的保障措施，客户端密码设置一般要满足以下规则才不容易被破解：禁止明文显示密码，需使用相同位数的同一特殊字符（如*和#）代替；密码需有复杂度的要求，如长度至少6位，支持字母和数字共同组成。在用户设置密码时，需提示用户不使用简

① LFW数据集是为了研究非限制环境下的人脸识别问题而建立的，已成为学术界（工业界）评价识别性能的基准。对人脸识别精确率感兴趣的读者可查阅 http://vis-www.cs.umass.edu/lfw/results.html。

单密码。如有初始密码，首次登录时需强制客户修改初始密码。

应用程序应具有防范暴力破解静态密码的保护措施，例如在登录和交易时使用图形验证码，图形验证码应满足：由数字和字母等字符混合组成、随机产生，并采取图片底纹干扰、颜色变换、设置非连续性及旋转图片字体、变异字体显示样式等有效方式，防范恶意代码自动识别图片的信息。此外，图形认证码需具有使用时间限制并仅能使用一次。图形认证码需由服务器生成，客户端源文件中不应包含图形验证码文本内容。使用软键盘方式输入密码时，应采取对整体键盘布局进行随机干扰等方式，防范密码被窃取。

网络产品运行过程中生成的临时文件中不保存密钥。为保证加密密钥的安全性，应该在数据加解密和通信协议中增加对密钥的保护措施，比如使用目前市面比较流行的白盒密钥产品。

此外，需尽量避免一些业务逻辑层面的身份认证漏洞。第一，为避免登录操作的重放攻击（Replay Attacks），可以在登录交互过程提交的认证数据中增加服务器生成的随机信息成分。第二，当客户空闲状态超过一定时间后，自动关闭当前链接，客户再次操作时必须重新登录。第三，会话标识应随机并且唯一，会话过程中应维持认证状态，防止客户通过网址直接访问需要登录才能访问的页面。第四，禁止在客户端缓存密码、密钥等敏感信息，例如，在包含上述信息的页面设置禁止缓存参数，防范未授权用户通过浏览器后退等方式获取敏感信息。第五，退出登录或客户端程序、浏览器页面关闭后，需立即终止会话，保证无法通过后退等方式重新进入登录后的页面。第六，客户修改敏感参数（如密码、转账限额等）时，需再次认证用户身份。第七，显示用户身份证件信息时，应屏蔽部分关键内容。第八，提供唯一的用户身份标识和信息复杂度检查功能，保证应用系统中不存在重复的用户身份标识，身份鉴别信息不易被冒用。

3. 基于位置的服务

基于位置的服务（Location Based Service，LBS）是指通过电信移动运营商的无线电通信网络或外部定位方式，获取移动终端用户的位置信息，为用户提供相应服务的一种增值业务。借助 LBS，移动客户端可以获取用户的地理信息，并与历史数据进行比较，当发现地理信息与历史数据出现差异时，对登录过程进行拦截，再次进行用户身份识别。XYverify 公司已开始运用 A - GPS[①]（Assisted GPS）技术来实现用户实时定位，并以此来帮助金融机构判断用户身份是否异常。

（三）案例分析

1. Trulioo

Trulioo 于 2011 年在加拿大温哥华成立，是一家客户身份识别服务商。公司拥有 200 多个独立数据源，数据除公共记录、信用报告和政府数据外，还包括社交网络、移动应用和电子商务平台上的行为数据。公司服务遍布全球 60 多个国家，覆盖人群超过 40 亿人。

Trulioo 为金融机构提供 Global Gateway 解决方案。Global Gateway 解决方案为金融机构提供电子身份认证（electronic Identity Verification，eIDV）服务，帮助金融机构验证个人网络身份。当客户在互联网上填写完身份信息后，Global Gateway 解决方案运用机器学习算法，判断客户身份信息是否真实，帮助金融机构满足反洗钱和客户身份识别等方面的监管合规要求，降低合规成本和操作风险。Global Gateway 解决方案有 Normalized API 和 XML Direct 两种接入方式，前者为金融机构提供标准化的综合服务，后者可以依据金融机构的具体需求定制身份识别服务。

2. Socure

Socure 是一家美国监管科技公司，将电子邮件、电话、地址、IP、社交媒体和更广泛的互联网在线/离线数据利用智能机器学习技术实时身份验证，加强企业在客户识别计划（CIP）、KYC 和反洗钱（AML）等方面的合规性。公司现已为 180 多个国家的客户验证身份，帮助金融机构提高新客户程序化接受率，减少身份欺诈损失和人工审查费用。以下为其能提供的监管科技解决方案。

---

① A - GPS 是一种结合网络基站信息和 GPS 信息对移动设备进行定位的技术，既利用全球卫星定位系统 GPS，又利用移动基站（LBS）。

（1）数字身份验证（Digital Identity Verification，ID +）

ID + 通过简单的 API 调用即时验证用户，并使用专有的人工智能平台分析大量在线和离线数据，以确定用户身份可信度。

图 6 – 2　Socure 数字身份验证

ID + 用于消费者验证的优势：

- 通过 RESTful API 轻松访问，实时身份验证；
- KYC/CIP 消费者接受度增长超过 40%；
- 改进每日零值预测，欺诈减少 80%；
- 人工评论减少了 90%。

ID + 用于消费者验证的特征：

- 混合在线和离线数据，实时大规模在线搜索互联网公开数据和权威提供商提供的身份数据；
- 真实性和欺诈预测，使用复杂机器学习模型预测身份真实性及欺诈的概率；
- 可选的附加验证，通过 API 调用信用局数据和全球监视列表并执行检查，以全面确认身份的合规性；
- 辅助决策；
- 数据反馈，ID + 只需几秒钟就能证实输入信息的真实性和基于模型预测的分数。

（2）KYC 附加组件使用（Know Your Customer Compliance Add – On）

KYC 附加组件使用为 ID + 提供附加功能，将数字身份验证的信息与信用数据进行比较，以进行权威性符合性验证。

KYC 附加组件的特征：

- 数据全覆盖。超过 10000 个数据库，已连接超过 4 亿名消费者，

Socure将提交的个人身份信息关联起来，以提供额外的身份验证；

- 最大限度地提高自动化CIP决策的能力，比传统解决方案提供商高出40%；
- 客户尽职调查。Socure可以成为AML合规要求的单一来源提供商，以增强CDD计划。

（3）全球监视列表过滤和制裁合规（Global Watchlists for AML Compliance）

消费者合规要求经常要求对已知或疑似洗钱人员、恐怖分子或其他被认为是高风险的人员进行身份检查。Socure提供的监视列表包括Gramm－Leach－Bliley Act（GLBA）和驾驶员隐私保护法（DPPA）规定的数据，以及美国爱国者法案、美国办公室外国资产管制（OFAC）和第四次欧盟洗钱指令要求的监视列表。监视列表还包括不良媒体和政治人物的身份。

全球监视列表过滤和制裁合规解决方案的优势：

- 降低复杂性并提高AML流程的效率；
- 符合全球法规要求的合规检查；
- ID＋数字身份验证和欺诈预测解决方案无缝结合在一个界面API中，用户体验好；
- 全球观察名单包括140多个国家和3000多个列表，适用于要求最高的全球性组织；
- 与ID＋验证数据（分数和原因代码）一并反馈。

三、网络安全

（一）自适应的安全架构

在互联网金融领域，用户主要通过Web、移动端访问服务端资源并完成业务操作。网络安全成为金融科技业务的重要基石。从广义上讲，网络安全涉及互联网业务相关的网络、软硬件、数据、基础设施的保护，防范业务遭到破坏、更改和泄露，保障业务的连续性和安全性。从本质上讲，金融科技涉及的技术、理论和产品都属于网络安全观察的对象。

2017 年 6 月，《中华人民共和国网络安全法》（以下简称《网络安全法》）正式实施，使网络安全行业由合规性驱动过渡到合规性和强制性驱动并重。伴随《网络安全法》这部基础性法律的落地执行，配套行业规范也将配套发展。以等级保护制度为例，《网络安全法》将持续推进等级保护制度的改革，未来等级保护制度将进一步发展。

互联网金融安全体系受 IT 架构变化、合规挑战等因素影响，亟须崭新的网络安全体系建设思路。国际信息安全咨询机构 Gartner 于 2015 年提出自适应的安全架构，该架构形成防御、检测、回溯、预测的闭环体系，现已被部分金融科技企业观察采用。

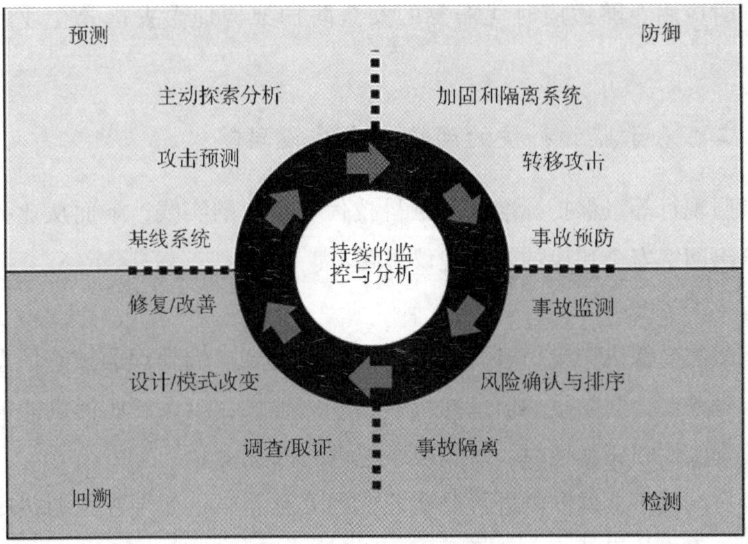

资料来源：http：//prog3. com/article/2015 - 06 - 24/2825035。

图 6 - 3　自适应的安全架构

自适应防护架构的关键能力：

1. “防御能力”是指运用一系列策略、产品和服务，来防御攻击。关键目标是通过减少被攻击面来提升攻击门槛，并在受影响前拦截攻击动作。

2. “检测能力”用于发现那些逃过防御网络的攻击。关键目标是降低威胁造成的“停摆时间”以及其他潜在损失。检测能力非常关键，企业应假设已处在被攻击状态。

3. “回溯能力”用于高效调查和补救被检测分析功能（或外部服务）查出的威胁，以提供入侵认证和攻击来源分析，并产生新的预防手段来避免未来事故。

4. “预测能力”使安全系统可从外部监控的黑客行动中学习，以主动锁定对现有系统和信息具有威胁的新型攻击，并对漏洞划定优先级和定位。该情报将反馈到预防和检测功能，从而构成整个处理流程的闭环。

一言以蔽之，对金融科技企业的信息安全官来说，应该时刻观察IT网络架构变化带来的新型安全威胁，借助先进的监管科技时刻应对监管的挑战，同时应用能够适应时代需要的安全防护架构理念去指导企业的安全实践。

（二）基于监管科技的网络安全建设思路

参照现行等级保护标准和金融科技代表企业的实践，下面从业务应用角度给出网络安全建设的几点建议思路。

1. 客户端安全

互联网金融机构应采取有效技术措施保证客户端处理的敏感信息、客户端与服务器交互的重要信息的机密性和完整性；应保证所提供的客户端程序的真实性和完整性以及敏感程序逻辑的机密性。

客户端程序上线前需进行严格的代码安全测试，如果客户端程序是外包给第三方机构开发的，互联网金融机构应要求开发商进行代码安全测试。此外，互联网金融机构应建立定期对客户端程序进行安全检测的机制，每年至少开展一次。如果客户端版本迭代频繁，可以借助第三方的自动化测评平台开展测试服务。自动化测评平台具备快速性、准确性、稳定性、成本低廉等优点，可以对客户端各版本的测评结果进行纵向对比，发现代码的薄弱环节，并给出针对性的修复建议，大大提高代码安全测试效率，降低测试预算和时间成本。

为了防止盗版应用、钓鱼应用给企业和用户带来不必要的危害，可以对客户端程序进行数字签名，标识客户端程序的来源和发布者，保证客户所下载的客户端程序来源于所信任的机构。客户端程序在启动和更新时需进行真实性和完整性校验，防范客户端程序被恶意篡改或替换。客户端程序的临时文件中不应出现敏感信息（临时文件包括但不限于 Cookies）。客户端程序应禁止在身份认证结束后存储敏感信息，防止敏感信息的泄露，并且用户输入敏感信息时客户端应该提供即时加密功能，如采用密码保护控件。客户端程序需提供敏感信息机密性、完整性保护功能，如采取随机布放按键位置、防范键盘窃听技术、计算 MAC 校验码等措施。

2. 服务端安全

（1）访问控制

网络产品的设计阶段容易出现用户访问权限方面的安全漏洞问题，如横向越权（相同权限级别的用户访问其他用户的信息）和纵向越权（低权限级别的用户访问高权限级别的用户的信息）。针对这些问题，网络架构的设计者需借助加密技术建立安全的访问控制机制，防止用户访问无权访问的功能或资源；需建立完善的交易验证机制，每次处理的客户信息均以服务器端数据为准，并对客户请求指令的逻辑顺序进行合理控制；每季度需检查并锁定或撤销应用系统及数据库中多余的、过期的用户及调试用户。

（2）安全审计

网络产品的运营期间需对服务器和主机进行定期的安全审计工作，对计算机网络环境下的有关活动或行为进行系统的、独立的检查验证，并做出相应评价。安全审计工作需做到如下六点。第一，应具有保存和显示客户历史登录信息（如时间、IP 地址、MAC 地址等）的功能，支持客户查询登录（包括成功登录和失败登录）、交易等历史操作。第二，应具有详细的交易流水查询功能，包括但不限于日期、时间、交易卡号、交易金额和资金余额等信息。第三，审计功能应覆盖所有对业务数据的管理操作。第四，审计记录的内容至少应包括事件的日期、时间、发起者信息、类型、描述和结果等，并定期备份审计记录，保存时间不少于半年。第五，需保证无法单独中断审计进程，无法删除、修改或覆盖审计记录。第六，合理分配交易日志的管理权限，禁止修改日志，确保日志的机密性、完整性和可用性。借助区块链技术的防篡改功能，能有效保证审计过程中的信息安全性，提升安全审计的效率。

（3）Web 应用安全

随着网络技术日趋成熟，恶意攻击者也将注意力从以往对网络服务器的攻击逐步转移到对 Web 应用的攻击上。而绝大多数企业将大量的投资花费在网络和服务器的安全上，没有从真正意义上保证 Web 应用本身的安全，这给恶意攻击者以可乘之机。加强 Web 安全建设可以从以下三个方面考虑。

第一，防范敏感信息泄露。

- 在系统正式上线前，删除 Web 目录下所有测试脚本、程序；
- 如果在生产服务器上保留部分与 Web 应用程序无关的文件，应为其创建单独的目录，使其与 Web 应用程序隔离，并对此目录进行严格的访问控制；
- 禁止在 Web 应用程序错误提示中包含详细信息，不向用户显示调试信息统一目录访问的出错提示信息，例如，对不存在的目录或禁止访问的目录均以“目录不存在”提示客户；
- 禁止在 Web 应用服务器端保存客户敏感信息；
- 应对系统 Web 服务器设置严格的目录访问权限，防止未授权访问；
- 禁止目录列表浏览，防止重要数据被未授权下载。

第二，防范 SQL 注入攻击。

- 系统 Web 服务器应用程序应对客户提交的所有表单、参数进行有效的合法性判断和非法字符过滤，防止攻击者恶意构造 SQL 语句实施注入攻击；
- 禁止仅在客户端以脚本形式对客户的输入进行合法性判断和参数字符过滤；
- 数据库应尽量使用存储过程或参数化查询，并严格定义数据库用户的角色和权限。

第三，防范跨站脚本攻击。

- 需通过严格限制客户端可提交的数据类型以及对提交的数据进行有

效性检查；

- 应对 Web 页面提供的链接和内容进行控制，定期检查外部链接和引用内容的安全性；
- 只允许使用 POST 请求，避免使用 GET 请求①；
- 给用户分配的临时密码和验证链接的有效期控制在一天；
- 密码框禁用“记住密码”功能；
- 不要在 URL、错误信息或日志中暴露会话标识符，会话标识符只需出现在 HTTP Cookie 头信息中；
- 在身份验证时，如果链接从“HTTP”变为“HTTPS”，则要求生成一个新的会话标识符；
- 仅使用 Referer 头作为补偿性质的检查，不能被单独用来进行身份验证检查；
- 日志禁止打印、保存敏感信息，包括但不限于不必要的系统详细信息、会话标识符或密码；
- 应采取网站页面防篡改措施，如部署网页防篡改系统等。

3. 系统运维管理

系统运维管理主要有两个目的。第一，实现业务系统稳定运行。第二，规避安全风险漏洞。业务系统的稳定运行与具体业务的高性能系统架构密切相关。规避风险漏洞可以从以下两个方面入手。

第一，对应用本身采用完善的防护措施，如采用严格的数据加密手段，制定相关的密钥管理制度，并严格实施。密钥需使用国家主管部门认定的加密算法进行加密存储。对于加密客户数据的所有密钥，需制定并实施全面的密钥管理流程，包括：密钥生成、密钥分发、密钥存储、密钥更换、密钥销毁、知识分割以及双重控制密钥、防止未授权的密钥更换、更换已被知晓或可能被泄露的密钥、收回过期或失效的密钥等。

需在安全环境中进行关键密钥的备份工作，并设置在紧急情况下密钥

① GET 请求能够被缓存，会保存在浏览器的浏览记录中，以 GET 请求的 URL 能够保存为浏览器书签。POST 请求和 GET 请求相反，POST 请求不能被缓存，不会保存在浏览器的浏览记录中，以 POST 请求的 URL 不能保存为浏览器书签。

自动销毁功能。各类密钥应定期更换，及时废除已泄露或怀疑泄露的密钥，过期密钥应安全归档或定期销毁。密钥注入、密钥管理功能调试和密钥档案的保管应由专人负责。密钥资料须保存在保险柜中，保险柜钥匙由专人负责。使用密钥和销毁密钥要在监督下进行并保留使用、销毁记录。

第二，对应用运行环境和下载分发渠道进行实时监测。通过应用威胁感知系统、应用渠道监测系统等，对应用终端的硬件层、系统层、网络层、应用层等多层次进行安全检测，有效识别应用终端潜在威胁，及时发现应用终端上的可疑行为，同时实时监测各渠道上的盗版应用、钓鱼应用，保护应用拥有者的正当利益。通过对应用终端可疑行为的关联分析，精确发现安全威胁事件。同时，通过对安全威胁事件详情进行收集分析，深入探测威胁事件发生的时间、地域、系统/应用信息、威胁源和威胁目标，帮助客户快速定位威胁并根据业务需要进行保护策略配置。通过细粒度的保护策略配置，实时有效地拦截威胁的发生。

（三）案例分析：互联网金融移动应用自动化测评平台

北京市互联网金融行业协会技术风控专委会借助先进的监管科技构建的互联网金融移动应用自动化测评平台，对协会成员企业的移动应用开展自动化测评工作，帮助会员企业发现自身所存在的风险漏洞问题，并辅助会员企业进行风险规避、漏洞修复。

随着智能终端的不断普及和移动用户、移动应用爆发式的增长，作为第一大移动系统平台的 Android，其应用种类、应用数量都出现了爆发式增长。Android 作为一个开放系统，应用程序的各种安全问题层出不穷，如安装包逆向反编译、恶意代码注入、应用盗版、界面劫持、短信劫持和输入监听等。这些安全问题不仅会造成知识版权盗用，更严重的是导致用户的信息泄露甚至经济损失。移动应用的安全问题，目前已经影响整个移动应用市场的发展。

移动应用开发者和用户虽然能获知应用市场的安全现状，但鉴于移动应用安全领域的专业性，无法全面了解应用的安全风险和漏洞，也难以对应用安全做出深入的评估和分析，更加缺乏专业的知识对其中的安全问题进行逐一解决。而专业的移动应用安全工程师人才稀缺并且成本较高，无法满足大量应用的安全性评估需求。

针对 Android 应用面临的安全问题，梆梆安全结合公司在 Android 安全领域的技术沉淀和经验积累，推出了移动应用测评云平台。梆梆安全移动应用测评云平台，不仅能够帮助开发者采用自动化的方式对移动应用进行全面的安全检测评估，准确定位安全问题源头，并提供代码修复解决方案，还能够帮助测评类或监管类机构对大量应用进行安全性检测及评估，对应用市场中存在安全问题的应用进行监控和预警。此外，该平台还能帮助企业实现应用开发及版本迭代过程中的安全性自动化管理。

相对于传统的人工监管测评而言，移动应用测评云平台具有全面的自动化测评项目、丰富的测评结果展示和报告输出、快速批量统计和数据统计、应用版本管理功能、成本低廉、灵活的部署和系统升级方式等优势，可以广泛应用于监管部门、商业银行、测评机构、中小企业及个人开发者等。

四、市场行为监控

（一）市场行为监控的业务现状分析

2013 年，英国金融行为监管局（FCA）发布《风险展望》（*FCA Risk Outlook* 2013）①，指出监管部门对金融机构市场经营行为的监督管理包括信息披露要求、反欺诈、个人金融信息保护、反不正当竞争；打击操纵市场和内幕交易；规范广告行为、合同行为和债务催收行为等。从工作内容看，金融消费者保护是行为监管工作的一部分，行为监管的外延更宽，既规范了金融机构和自然人消费者之间的交易行为，也规范了金融机构之间、金融机构与非金融机构之间的交易行为。操纵同业拆借市场利率、操纵汇率、洗钱等属于行为监管的监管内容，但超出了消费者保护的范畴。目前，市场行为监控主要关注欺诈行为、洗钱操作以及内幕交易三大方面。

① Financial Conduct Authority. Policy Briefing: FCA Financial Risk Outlook and Business Plan [R]. April 2013: 1 - 8.

1. 反欺诈业务现状

信用卡存在的欺诈风险隐蔽性强、追索难度大，且多笔申请的关联度高，造成损失金额巨大，因此其对银行的危害不容忽视。欺诈风险主要表现为申请欺诈。从业务角度分析，欺诈交易类型分为发卡端欺诈和收单端欺诈。发卡端欺诈分为虚假申请、伪卡欺诈、非面对面欺诈、未达卡、非法冒用（账户接管）等；收单端欺诈分为商户欺诈套现、POS违规移机、商户侧录、伪冒交易合谋、卡号测试、恶意倒闭、洗单等。

美国信用卡行业的量化管理手段和技术都非常成熟，在申请欺诈防范方面主要依靠三种手段：信用机构提供的身份核查系统、量化的欺诈风险模型对潜在的欺诈风险进行打分和人工电话调查。相对于美国健全的征信系统，中国缺少系统全面的企业和个人信用记录，在二级城市存在征信信息缺乏甚至没有的情况，如何准确甄别信用卡申请中存在的隐藏自身真实信息或盗用他人身份的情况，成为所有商业银行的关注重点和难点。目前，风险防范的基本手段主要包括第三方信息核实、欺诈系统规则提示以及直接通告申请人。欺诈调查的效率与风险识别率成为信用卡业务竞争中决定成败的重要因素。

机器学习、神经网络应用和知识图谱直接赋能金融行业的核心业务，如量化投资、授信融资、保险定价、反欺诈、辅助决策等①。应用逻辑主要是导入大量相关数据，利用机器学习形成知识图谱或者建立模型，通过不同算法和神经网络应用预测金融风险，以达到识别风险、量化风险和把控风险的目的②。

2. 反洗钱业务现状

反洗钱已上升至国家战略层面，成为各国政府必须承担的工作。当前国际反洗钱政策采取的是“双轨制”：一是包含“了解你的客户（KYC）”

---

① 杨涛．对人工智能在金融领域应用的思考［J］．国际金融，2016（12）：24－27；Citi GPS. Digital Disruption Revisited：What FinTech VC Investments Tell us about a Changing Industry?［R］. Global Perspectives & Solutions，January 2017。

② Marko Kolanovic，Rajesh T. Krishnamachari. Big Data and AI Strategies：Machine Learning and Alternative Data Approach to Investing ［R］. Global Quantitative & Derivatives Strategy of J. P. Morgan. 2017. 5：1－280.

和“可疑交易报告（SAR）”等制度的预防政策；二是包含洗钱定罪化和严厉处罚的压制政策。

国外学术界一般将反洗钱可疑数据分析归入欺诈检测（Fraud Detection），与长期以来存在的信用卡欺诈、电信欺诈、网络入侵等行为共同作为数据挖掘离群检测领域的研究范畴。该研究范畴是目前研究的一个热点，取得了众多的研究成果。其主要研究思路是通过数理统计和神经网络等方法，描述用户行为模式轮廓（Profile），以此作为区分正常行为和异常行为的判断依据。

从美国、英国、澳大利亚等发达国家反洗钱系统开发与应用的实践可知，洗钱活动具有复杂多变的特点，因此反洗钱的数据分析也是一个多层次、多角度、不断发展的综合复杂过程，各种数据挖掘技术都可以在其中找到应用空间，并不存在一劳永逸的解决方案。目前国外有关机构研究成果的报告中应用到的技术包括专家系统（Expert System）、链接分析（Link Analysis）、统计分析（Statistical Analysis）、神经网络（Neural Networks）、遗传与进化算法（Genetic and Evolutionary Algorithms）、启发式方法（Heuristics）、基于实例的推理（Case Based Reasoning）、规则归纳（Rule Induction）。此外，一些传统算法也经常在研究成果中出现，如贝叶斯技术、线性规划、蒙特卡洛（Monte - Carlo）技术、聚类与回归技术、概率与数理统计方法等。

国内反洗钱工作主要通过商业银行的大额可疑信息报告制度完成，具体是由可疑交易分析、识别、预警、报告等一系列过程组成。这整个过程从开始到结束都需要大量人员参加，着实增加了数据收集、整理、分析、挖掘和加工报告的各项成本。此外，这种类型的信息收集流程具有复杂烦琐、主观性强、错误率高、时效性差、系统性弱等诸多不足，难以建立系统有效的资金流和信息流来监察网络。目前，中国政府十分重视反洗钱义务机构在预防洗钱、恐怖融资和逃税方面的“第一道防线”作用，鼓励反洗钱义务机构利用大数据、云计算等新技术提升反洗钱和反恐怖融资工作的有效性。

3. 识别内幕交易

国外学者对证券市场内幕交易的研究起步较早，研究成果较多，这些研究主要集中在内幕交易的影响及监管等方面，例如采用事件法、构建内幕交易的识别模型以及采用理性预期模型，识别内幕交易。然而，我国学术界在内幕交易识别方面的研究还处于探索阶段，在内幕交易识别指标的选取、识别模型的构建方面还存在不少问题，缺乏一套科学、适用的内幕交易识别系统，难以为证券监管部门的内幕交易识别工作提供有力支撑。

总体来说，国内外学者对证券市场内幕交易的相关问题进行了广泛研究，尤其在内幕交易的影响及监管方面进行了较为全面、深入的研究，而对内幕交易识别方面的研究相对较少。随着云计算和大数据的兴起，对内幕交易进行事前识别成为可能。监管部门通过选取恰当的识别指标和识别模型，建立内幕交易的识别系统，然后运用大数据进行分析，一旦发现异动，就可以立即跟踪可疑证券账户，最后再进行核查。这样就能够在第一时间发现并制止内幕交易的发生，提高监管效率。

（二）科技对市场行为监控带来影响

面对市场操纵手法的创新，多个国家和地区降低了对市场操纵等违法不当行为的立案标准、起诉标准和认定标准，监管执法打击力度显著增强。此外，还有监管部门实行专业化策略性改革，强化对市场滥用、市场失当行为的执法专业化程度，以及致力于利用科技提升数据分析和挖掘能力，开发针对高频交易等新型操纵的监控分析工具。相关科技对市场行为监控带来如下影响：

1. 更全面地了解客户

大数据可以有效改善金融机构对客户的了解程度，通过数据的交换，大数据不但可以对客户进行短期、中期预测，把握其现在，更可以了解其历史。金融机构通过掌握客户对金融产品的偏好、交易时间的偏好、交易地点的偏好等信息，会将“了解你的客户”变得更加生动和具体。当客户的金融行为变得透明化和直观化时，欺诈、洗钱、内幕交易行为将无所遁形。

2. 更精准的判断能力

以大数据、云计算、人工智能、知识图谱等科技为依托，金融机构从绘制完整的客户数据图谱入手，可以更加全面地评估自身所面临的欺诈、洗钱等风险。对监管者来说，可以促使监管决策从“经验依赖”向“数据依据”转化，更加科学地评价工作状况、业务风险、资源配置，有效减轻对现场监管方式的依赖，从而实现针对性监管。

3. 更一致的工作目标

人工智能等技术将成为反欺诈、反洗钱监管部门的主要监管手段之一，大数据的完整性和准确性将决定数据分析和挖掘的效果。而大数据又是金融机构未来竞争与发展的新机遇和新挑战，其活力与动力将有效实现风险识别和防控能力的提升。因此，反欺诈、反洗钱监管部门和金融机构双方都可以利用所掌握的数据来促进市场行为监控工作的开展。

4. 更完善的风险管理

大数据、区块链等技术提供的丰富且多样的信息，可以弥补其他风险监管模型中数据不足的缺陷，打破信息孤岛，完整、准确地刻画出各家机构的特征，较好地解决反欺诈、反洗钱、识别内幕交易监管中的信息不对称难题，从而更适应基于风险的市场行为监控，最终带来监管方法和效能的飞跃。

5. 更高的风险预防比重

在大数据时代之前，欺诈、洗钱等风险控制是这样运作的：通过评判用户过去的行为来划分其风险等级，或者通过评判用户过去的行为以使其为自己的行为承担责任。有了大数据就能预测客户的行为，由历史数据分析转向行为分析，依据预测的行为而非实际的行为对客户进行评定，这将有助于提升风险等级划分的准确性，提高风险预防在整个风险控制中的比重。

6. 更多实时监管趋势

为避免信息不对称，监管部门采用监管科技将是大势所趋。在市场行为监控方面，监管当局越来越希望交易平台和市场参与者有能力对潜在市场滥用和可疑订单采取快速行动并报告。从监管角度看，监管部门通过运用大数据、云计算、人工智能等技术能够很好地感知金融风险态势，提升监管数据收集、整合及共享的实时性。作为金融科技的重要分支，监管科技的本质是采取新技术，在监管部门和金融机构之间，建立起可信赖、可持续、可执行的监管协议与合规性的评估机制，旨在提高监管部门的监管效率，降低金融机构的合规成本。

（三）监管科技案例分析

1. Comply Advantage

Comply Advantage 是一家监管科技公司，创立于 2014 年，总部位于英国伦敦，致力于帮助企业履行合规性义务并降低合规性管理的成本投入。截至 2016 年 10 月，公司共有 200 多个客户，客户以银行、保险等金融机构为主，也包括其他高风险企业。

公司利用人工智能、机器学习和大数据分析技术，利用专有动态数据库，覆盖制裁和监控名单、政治敏感人物和全球不良媒体信息，基于最新数据创建高风险个人、企业及相关机构的系统分析信息，实时洞察金融犯罪的风险。其创新性的人工智能筛选和监测技术不仅能够提高准确性，而且有助于降低错误的风险警报概率。

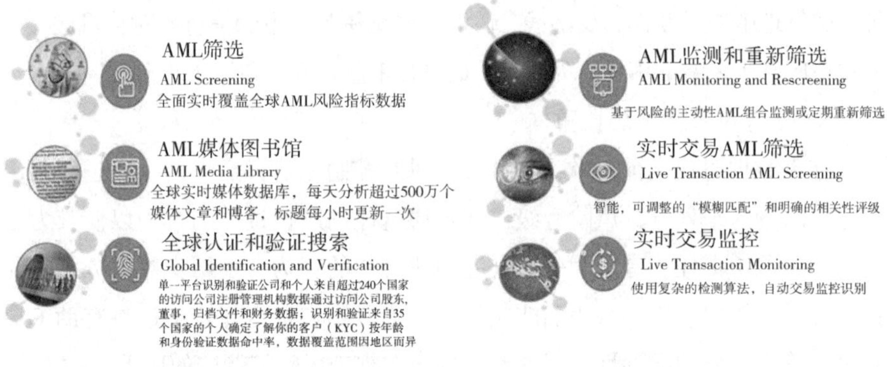

资料来源：由课题组成员整理而得。

图 6－4　AML 解决方案——灵活的模块化合规性平台

现阶段，Comply Advantage 主要提供以下三个方面的业务：反洗钱数据监控、客户身份识别和实时转账交易检测。Comply Advantage 拥有个人、企业以及合作企业的专有数据库，利用人工智能和大数据技术分析最新数据，提供金融犯罪风险方面的实时动态检查，为企业生成高风险人群和公司名单。

2. 冒烟指数

在大数据金融监管模式呼之欲出的背景下，拓尔思旗下北京金信网银金融信息服务有限公司（以下简称金信网银）提出了非法集资风险预警及风险研判信息融合模型——冒烟指数。

冒烟指数监测模型作为非法集资犯罪预警的系统性风险综合模型，其最初构想来源于“森林着火是要冒烟的警示”，是在利用互联网收集信息的基础上，运用大数据、文本挖掘、云计算等技术，通过两次比对、一次干预、最后确认的一系列步骤，实现对疑似非法集资的企业进行不同级别的处置应对。也就是通过大数据挖掘的手段对研究范围内的企业进行及时有效的综合风险筛查与预测，为监管部门提供对涉及非法集资企业差异性处理策略的依据。具体流程如图 6－5 所示。

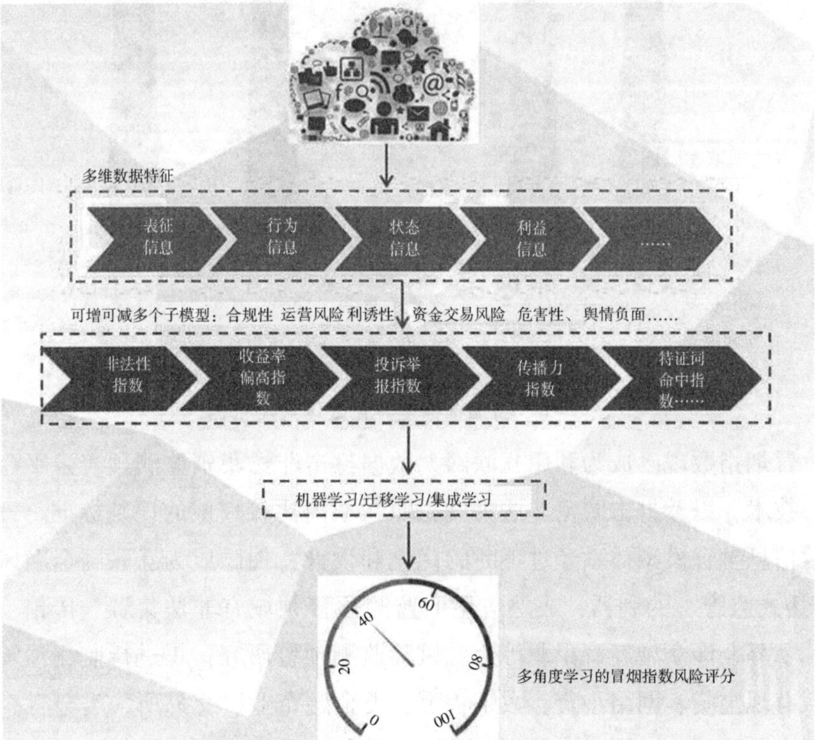

图 6－5 冒烟指数大数据打击非法集资流程

冒烟指数把非法集资风险预警同大数据技术相结合，即通过构建金融风险大数据平台，主动获取涉嫌非法集资的互联网金融企业信息与线索，以达到由事中研判到事前风险预警，由静态研判到动态持续监测以及由单一企业到关联网络的风险研判。

其突出优势在于：一是降低对现场检查、汇报数据的依赖，变被动监管为主动监测，破解地方监管与开放主体的难题。二是预警监测有效前置，可根据冒烟指数的程度采取关注、警示、约谈等监管措施，既能防患于未然，又能提高监管措施的前瞻性、及时性。

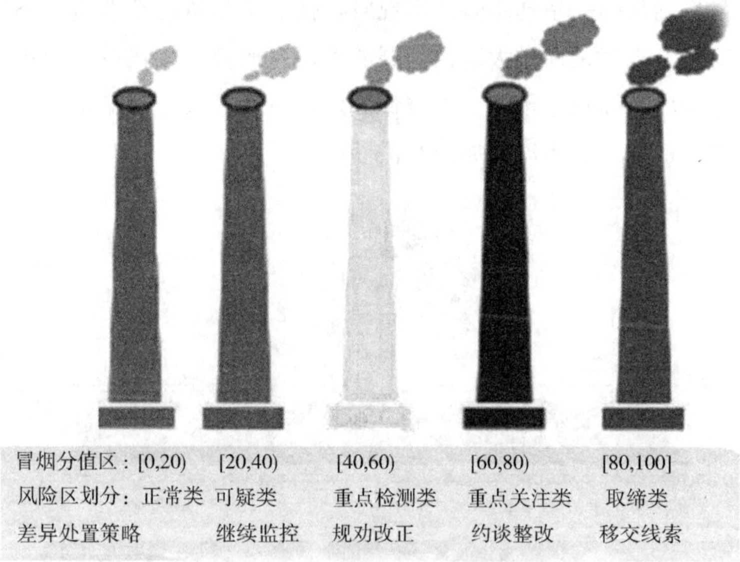

图6－6　冒烟指数差异化处理策略依据

冒烟指数现已成为利用互联网大数据打击非法集资监测预警云平台的核心技术，以及打击防范非法集资犯罪领域内比较权威的评判标准。冒烟指数信息融合模型体系经过不断的优化和设计，现已成为互联网金融风险“穿透式监管”的利器，成熟应用的监测预警领域有非法集资、传销、众筹、私募、涉众型经济犯罪等金融风险监测预警研究；正进行监测预警的领域有现金贷、网络小贷、数字货币、类金融企业、交易所、类金融企业活跃度监测研究。同时，冒烟指数正被国务院处置非法集资部际联席会议办公室、全国公安系统、中国互联网金融协会、北京市金融工作局以及广东、内蒙古、湖北、贵州等政府部门采纳应用，成功预警了 e 租宝、华赢凯来、中投互联等大案。下面以重点监测预警企业 e 租宝为例，逐步说明 e 租宝风险点分析数据、模型及评测标准①。

（1）所用数据情况

金信网银非法集资云平台监测 e 租宝企业相关消息，总共 88370 条；企业相关投诉，线上投诉 40493 条，来自 12345 热线的线下投诉共 3 条。

企业关联公司信息包括法定代表人对外投资企业、法定代表人其他公司任职、企业对外投资信息，共 79 个企业，6 个核心企业。人员关联信息主要包括企业法人、企业高管、企业股东，重要人员共 38 个。

（2）针对 e 租宝的冒烟指数指标体系

冒烟指数对 e 租宝非法集资风险进行预警时，采用定量和定性相结合的指标（见表 6－1），以及采取机器学习和专家研判的共同评分标准。

表 6－1　　冒烟指数量化 e 租宝风险指标体系

类别	非法性指数	收益率偏高指数	投诉举报指数	传播力指数	特征词命中指数
定量指标 机器学习	关联风险：立案/爆发企业关联企业、高风险企业关联企业、重点嫌疑企业关联企业、被投诉举报企业关联企业	收益偏离度：收益高于民间借贷最高限额、收益远高于行业平均水平	线上舆情：负面新闻报道量、微博/论坛等投诉量	业务拓展力：分公司/关联企业数量、分公司/关联企业地区分布量、线下门店数量、线下门店地区分布量	特征词命中：负面/投诉关键词命中量、违规/违法行为关键词命中量
	非法集资倾向：行政处罚、经营异常、频繁变更、法院判决量、法院被执行次数、法院失信次数……	—	线下投诉：相关部门接收举报信息量、邮箱/公众号投诉量	企业宣传力：媒体新闻报道量、自媒体宣传量 企业招聘力：理财类岗位招聘量、招聘网站覆盖量	—

① 施水才．大数据驱动的互联网金融风险监测预警体系研究［D］．北京：清华大学，2017.

续表

类别	非法性指数	收益率偏高指数	投诉举报指数	传播力指数	特征词命中指数
定性指标专家评判	法律风险：信息披露自融等行业合规、经营合法	收益偏离度：线下承诺收益偏离程度（传单）	—	社会影响力：加入协会数量、获奖数量、参加大型活动如行业论坛/会议次数	—
	运营风险：产品、运营模式、推广	—	—	—	—

（3）冒烟指数实现e租宝大数据金融风险预警流程

冒烟指数实现e租宝大数据金融风险预警流程如下：首先，从财经类网站、P2P网络借贷平台网站、论坛、贴吧、工商税务网站、社交媒体、法院、电话举报12345等多个数据来源，通过网络爬虫技术大规模地采集原始数据，在Spark内存式计算平台上进行分布式计算，对数据清洗、数据集成、数据变换、数据规约等进行一系列预处理，形成可供分析的结构化数据。然后，通过机器学习训练多个风险预测模型，结合专家研判，得出非法集资风险指数综合评分。最终，通过可视化的方式进行风险展示，形成基于数据分析的决策方案①。具体预警流程如图6-7所示。

（4）e租宝风险点分析及差异化处置策略

e租宝风险点全面分析：从全面来看，e租宝网贷平台的主要风险点在于：第一，平台发布的标的借款企业整体成立时间短、注册资本低、借款金额大，疑似平台和融资租赁公司联合发布虚假标的，同时存在自融自担保行为。第二，平台信息披露严重不透明，大部分标的未披露项目借款合同、借款及担保企业信息。第三，标的期限集中在3个月和2~365天，相比租赁周期一般在3~5年的融资租赁企业而言，标的借款期限短，涉嫌私建资金池，易引发兑付危机。第四，投资理财类关联企业数量众多，极易引发各类关联风险。

---

① 林春雨，李崇纲等．基于大数据技术的P2P网贷平台风险预警模型［J］．大数据，2015（3）：7-9.

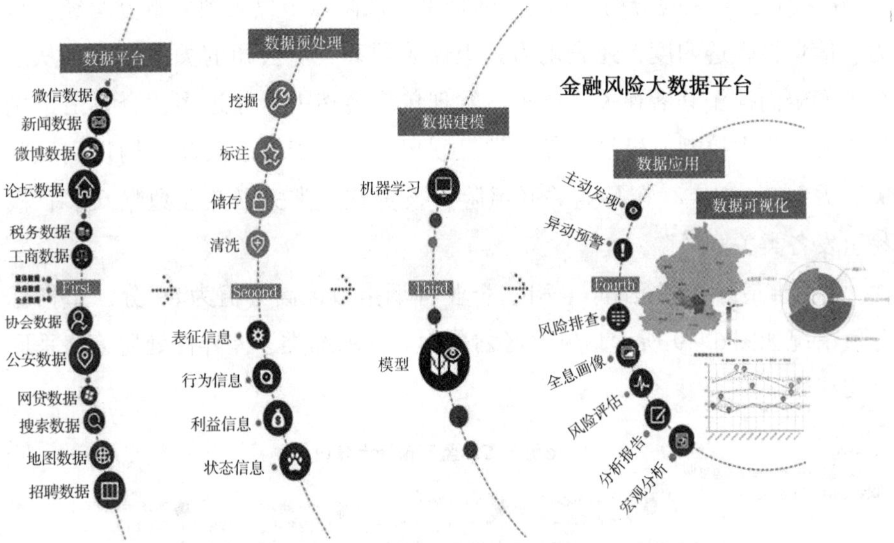

图 6－7 冒烟指数形成大数据金融风险预警流程

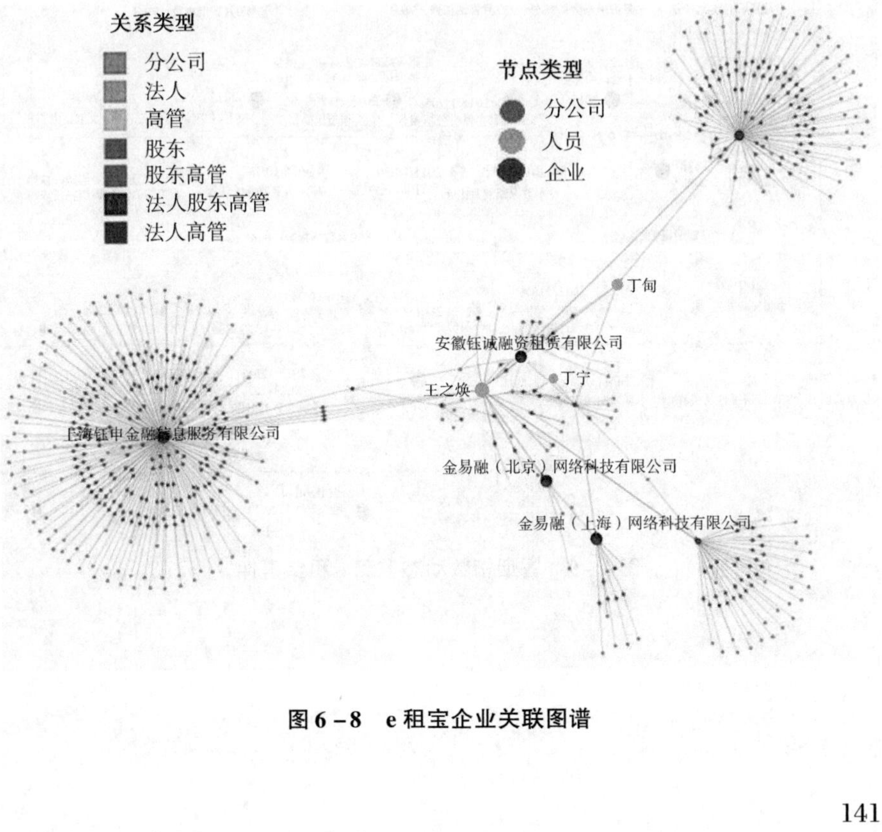

图 6－8 e 租宝企业关联图谱

e 租宝关联风险分析：e 租宝网贷平台风险点不仅表现为本公司经营行为、信息披露透明度，还表现为其担保公司和关联公司的关联风险。从多个维度全面挖掘其潜在关联风险，发现单个自然人合作过多，企业由个别核心人员集中控制，极易引发各类关联风险。基于静态关联结构识别风险关联关系，e 租宝存在行业关联风险，投资理财类关联企业数量众多，极易引发各类关联风险。

e 租宝最终处理策略：e 租宝企业冒烟指数最高分值为 89 分，子指标分值情况如图 6－9 所示，风险区划分为非法取缔类，差异性处置策略采取移交线索。

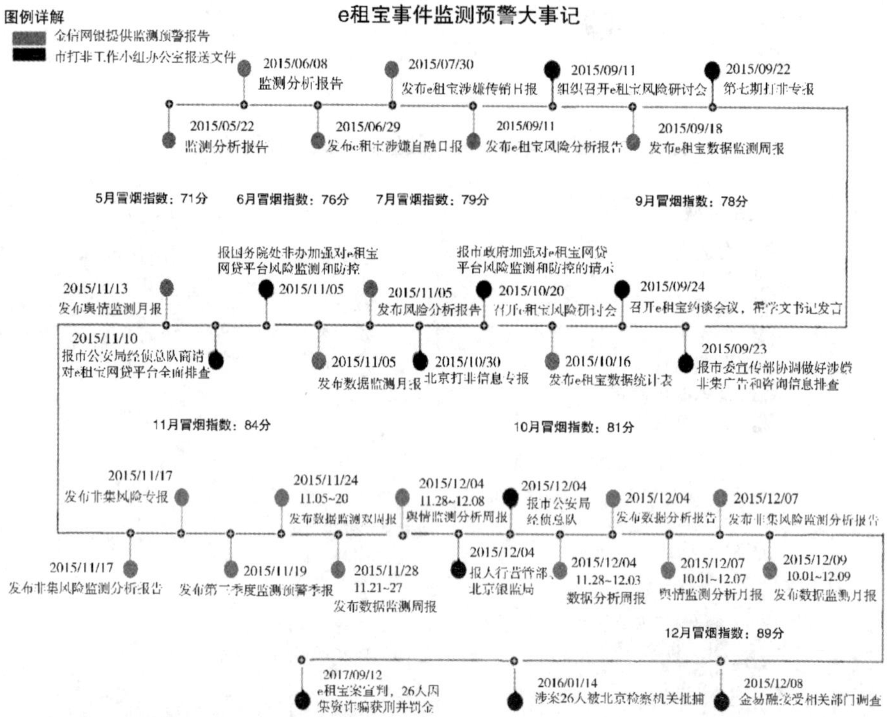

图 6－9　冒烟指数动态监测 e 租宝事件

五、风险管理

1988年之前，各国监管部门将资本金占整体表内资产的最低比率作为指标，达到监管以及风险管理的目的。这样一来，监管较为宽松的国家比监管较严的国家更能吸引资本流入，而且银行间的场外衍生品交易越来越丰富，这些问题促使巴塞尔银行监管委员会（Basel Committee on Banking Supervision）提出《巴塞尔新资本协议》（Basel Ⅰ）。《巴塞尔新资本协议》尝试以风险为基础来定义资本充足率，大大增强了银行的内部风险管理意识，提高了银行对于风险管理的支出。1993年7月，G30集团提出了度量市场风险的VaR方法，并首次对VaR进行了较为详细的介绍，对风险管理的实践影响深远。银行的风险管理方法会对其他金融机构起到一定程度的领导作用，随着经济全球化浪潮的到来，以及经济危机中暴露出的问题，促使《巴塞尔新资本协议》的内容不断修改完善，然而其中的风险管理逻辑以及方法论，对除银行外的金融机构影响也颇深。

（一）现有风险管理体系面临的挑战

金融风险指在金融活动中，由于各种经济变量，尤其是金融变量发生不确定的变化，从而导致投资人蒙受损失的可能性。美国经济学家克罗凯特（Crodkett）将金融风险定义为，由于金融资产价格的不正常波动或大量的金融机构背负巨额债务及其资产负债结构恶化，使其在经济冲击下极为脆弱并可能严重地影响到宏观经济的正常运行。金融风险主要包括市场风险、信用风险、流动性风险等，具有隐蔽性、扩散性等特征。

目前，风险的计量大多采用历史模拟法和模型构建法。历史模拟法假定历史会重演，选取一定时间内市场变量的历史数据，反复抽样得出概率分布，以此为依据来预测未来。历史模拟法对数据的要求较为简单，但计算速度较慢，只能给出近似关系式。模型构建法计算速度较快，需事先假设市场变量的联合分布，除正态分布外，还可以假设为二次模型或采用蒙特卡罗模拟法，然后代入历史数据得出拟合最优的参数估计。

金融是现代社会经济运行的核心，社会经济发展优良要有一个健康、充满活力的金融市场。金融机构风险管理不当，可能影响机构自身的生存，甚至会对整个金融体系的稳健运行造成威胁。随着经济水平与科学技术的发展，金融产品呈现多元化发展，现有的风险管理体系面临着如下的挑战与不足。

一是行业复杂性增加。随着金融机构与科技企业等市场主体的比较优势愈加明显，行业分工逐渐清晰。初创企业为了降低资本投入，会选择采购一揽子解决方案，将非核心业务外包；行业龙头企业为了进一步降低管理成本，会将非主营业务剥离。这使金融领域中各市场主体的融合程度加深，金融系统的复杂性增加，势必会导致风险传导路径难以捉摸，这对金融机构的风险识别能力以及穿透式的风险管理水平提出了更高的要求。此外，风险管理在各市场主体之间环环相扣，对积累数据量以及跨机构、跨标准数据处理能力的要求都大幅提高。

二是行业风险水平整体提高。互联网的发展使信息传播速度大大加快，移动通信设备以及各类 APP 的广泛应用，提高了金融服务的覆盖率与效率，降低了金融服务的门槛，在为市场主体提供便利的同时，也加剧了行业风险。伴随着金融服务效率的提升，风险传导的速度也越来越快，信息传播速度加快导致市场主体行为同质性更强，放大了金融市场的波动。同时，金融服务群体由高净值人群向低净值人群下沉，高风险客户占比提高，风险管理难度增加。

三是交易方式变革倒逼风险管理水平提高。金融服务不再局限于物理网点，若要实现快速响应交易指令的目标，不仅依赖于硬件设施、交易系统的完善，更需要智能的风控系统，将风险管理从线下转向线上，这对风险管理技术提出了更高的要求。同时，金融机构较过去的经营方式相比，风险暴露时间更长，受到黑客攻击的概率更高，风险损失也更大。除此之外，现有的压力测试手段属于被动的静态测试，测试效果有限。

（二）监管科技在风险管理领域的应用

风险管理体系面临的挑战，可以借助监管科技来有效解决。以下从风险管理的目标出发，介绍监管科技在风险管理领域的应用。

一是风险隔离。金融产品发展日新月异，平衡创新与风险管理之间的关系意义重大。监管沙盒（Regulatory Sandbox，将在第七章详细介绍）是监管科技的实践方式之一，为金融创新提供安全的测试环境，测试不会对真实的金融系统安全造成影响，实现一定程度上的风险隔离。金融市场主体之间的关系合作更加紧密，关系愈加复杂，利用监管科技中机器学习的数据挖掘算法，可以分析出各主体之间的关系，再应用知识图谱将各个主体之间的关系清晰呈现，化繁为简，帮助监管部门或金融机构及时发现或切断与高风险市场主体的业务往来或交易行为，实现风险隔离。

二是风险可计量。利用人工智能、云计算与大数据等技术，可以准确、迅速地计量风险。人工智能通过机器学习与迭代计算，不断更新风险计量模型的指标、参数，自动进行风险核查，提高风险计量与预测精度。云计算是人工智能发挥作用的基础，可以提高对大数据的运算效率，降低成本，实现线上取代线下或线上与线下并行的风险管理模式。监管科技可以有效改善风险低估、风险定价不合理的风险管理困境，达到以数据为驱动的实时风险监测。

三是风险可承受。为了提高在突发事件或者恶劣的市场环境中应对风险的能力，需借助于监管科技中的大数据、云计算与人工智能，解决现阶段压力测试面临的问题。大数据可以引入更多的变量，改进过去只采用几个代表性指标进行模拟的问题，能更好地模拟真实情景。云计算能够保障大数据真正发挥效用，减少压力测试所需的时间成本与人力成本。同时应用大数据、云计算、人工智能，可以将过去被动的静态测试变为主动的动态连续测试，避免风险累积，实现风险可承受的目标。

综上所述，通过监管科技可以实现风险隔离、风险可计量与风险可承受的风险管理目标，破解风险管理难题，解决行业复杂性提高、行业风险水平整体提高以及交易方式变革带来的风险管理困境，提高风险管理效率，降低风险管理成本。

（三）案例分析：OSIS

OSIS 于 2010 年由两位前银行家在荷兰发起设立，为银行及投资者提供另一种分析信贷风险的方法，即将数据的统计分析与有关前瞻性风险分布的主观意见相结合，以捕捉参数的不确定性，并允许设计更连贯的压力测试场景。

在美国，信用评级机构的评级都是基于统计分析。与此同时，各机构会强调评级是专家意见，具体评级过程不公开，即使这个过程大部分是由数据驱动的，发布给投资者的信息也不允许独立的验证和复制。

鉴于传统的评级流程在很大程度上对投资者隐藏数据分析和先验假设，并且只公布了由此产生的风险评估，投资者几乎没有工具可以自行量化信用风险。同时，长期贷款业绩历史罕见，即使在银行内部，也有很多是私人持有。即使可用，过去数据的质量和相关性也存疑。OSIS 主张透明地分析数据并允许投资者使用他们自己的主观意见。传统的评级流程在很大程度上对投资者的数据分析和先验假设进行隐藏，并且只公布了由此产生的风险评估。但 OSIS 则以公开透明的方式从数据中进行学习，并允许投资者共享这些学习成果。

OSIS 的压力测试工具 Loan Pilot 遵循贝叶斯统计方法，并将所有模型参数视为不确定。在校准期间，用户可以用最少的主观输入“让数据说话”，或使用预设值。Loan Pilot 提供了一个时间点（Point - in - time，PIT）风险评估，可以将长周期（Through - the - cycle，TTC）的参数指定为输入。主要输出结果是以宏观经济情景为条件的信贷风险绩效指标（如违约概率、违约损失率、贷款损失准备金和经济资本）。用户可以访问所有的模型细节，并且如果用户需要，所有的数据集可用于校准和额外的专家判断。

专栏6-1　监管科技在压力测试中的应用

压力测试是一种以定量分析为主的风险分析方法，分析金融机构在极度恶劣的市场环境中应对风险的能力。压力测试可以分为情景测试和敏感性测试。情景测试按情景不同又可以分为历史情景测试和假定情景测试。历史情景测试主要是针对历史上发生过的“黑天鹅”事件进行测试，而假定情景测试则是针对尚未发生的情景进行测试。敏感性测试是评估风险参数瞬间大幅变动对金融机构造成的冲击。压力测试能够帮助金融机构充分了解潜在风险和财务状况之间的关系，预先制定应对措施，减少极端情况给金融机构造成的损失。但是，现阶段的压力测试还面临三个问题：一是变量有限；二是测试静态；三是被动测试。而监管科技企业运用大数据、人工智能以及云计算等技术能在一定程度上解决上述问题。

首先，大数据技术能够将更多变量纳入压力测试中。在压力测试中，金融机构需要考虑数以千计的变量。尤其是在情景测试中，为了能够更好地还原或模拟现实情景，需要考虑更多变量。比如，美国某投资机构在进行压力测试时考虑了2600多个宏观经济变量①。传统的分析工具无法处理如此巨大的数据量，因此会根据经验或者学术研究的结论，仅选择几个关键变量进行测试。大数据技术能够处理大规模的数据，对更多的变量进行分析，减少由于变量有限而造成的情景失真现象，更好地进行情景测试。

其次，人工智能能够实现压力测试的动态化。当前的压力测试是一个静态的过程，但风险却随时都可能发生，仅在特定时点进行压力测试能达到的效果较为有限。监管科技企业运用人工智能技术，能够根据金融机构财务数据的实时变化情况，为金融机构提供动态化的压力测试服务。动态化的压力测试能够帮助金融机构及时发现风险，在风险较小时就采取处理措施，防止风险积累到难以控制的程度。

最后，云计算能够降低压力测试的成本，帮助金融机构实现“自合规”。现阶段，金融机构的压力测试都是被动测试，即监管部门提出压力测试的要求，金融机构才进行测试，而不是主动将压力测试作为内部风控的工具。造成这种情况的主要原因是压力测试的成本比较高，需要金融机构配置相应的基础设施和人力资源。借助云计算平台，监管科技企业能够为金融机构提供压力测试解决方案，金融机构不需要配置基础设施和人力资源，只需在云计算平台上购买所需的解决方案就能进行压力测试，从而大幅降低压力测试的成本。当成本降低之后，金融机构可以主动进行压力测试，实现“自合规”，这样还能够避免因未通过压力测试而带来负面的

① IIF. RegTech in Financial Services: Technology Solutions for Compliance and Reporting [R]. March 2016.

社会影响。

六、合规报告

（一）新监管政策下合规报告的新要求

合规报告①是指金融机构向监管部门提供的，能反映金融机构流动性、安全性、盈利性和内控能力等方面合规信息的文件。合规报告是监管部门实现有效非现场监管的重要基础。监管部门根据合规报告实施对金融机构的审慎监管，通过对合规报告的处理、分析和挖掘，评估金融机构的合规水平，及时防范和化解金融风险。

近年来，随着金融监管日益趋严，金融监管部门对合规报告的要求也在不断提高。《巴塞尔协议Ⅲ》、Solvency Ⅱ、欧盟金融工具市场指令Ⅱ（Markets in Financial Instruments Directive Ⅱ，MiFID Ⅱ）、《多德—弗兰克法案》以及《海外账户纳税法案》（*Foreign Account Tax Compliance Act*，FATCA）都对合规报告提出了要求。以 MiFID Ⅱ为例，该法规是继 2007 年实施 MiFID 后颁布的新指令，旨在完善金融市场功能，并加强对投资者的保护，将于 2018 年 1 月正式实施。MiFID Ⅱ对合规报告提出了更严格的要求②，主要体现在以下四个方面。

第一，报告主体。报告主体包括金融交易对手、超出欧洲市场基础设施监管规则（European Market Infrastructure Regulation，EMIR）清算门槛的非金融交易对手、为用户提供投资咨询和投资组合管理服务的投资经理、信贷机构、市场运营商、交易场所、中央交易对手和在欧盟提供投资服务的第三国公司。

第二，交易数据。受管制的市场、多边交易平台以及有组织的交易平

① 合规报告和监管报告的概念容易混淆。监管报告是指监管部门对金融机构在一定时期内的经营情况、风险状况的分析评价，并针对机构存在的主要问题提出监管措施和要求而形成的综合报告。

② Point Nine. Everyone is Talking about These：MiFIDII/ MiFIR Post – trade Reporting Requirements [Z]. 2017.

台都应定期发布交易数据，经纪商必须每年在其网站上发布完整的交易信息。具体的数据应包括价格、执行速度、执行可能性、结算规模、执行地点和金融工具。

第三，金融工具。除股票外，需要报告的金融工具还包括债券、利率衍生工具、信用衍生工具、外汇衍生工具、结构化金融产品（比如 CDS）、期权衍生工具、证券衍生工具、商品衍生工具、差价合约、交易所交易产品等。

第四，报告频率。交易必须尽可能接近实时报告。2020 年 1 月前，报告每个交易的时间范围应在交易执行后 15 分钟内，而在 2020 年 1 月之后，将缩短为 5 分钟内。

MiFID Ⅱ严格的实施时间表、高昂的执行成本以及不断扩大的数据要求，对金融机构造成了巨大挑战。一方面，金融机构提交的合规报告所涉及范围进一步扩大，金融机构需要处理更多的数据，以向监管部门披露准确的信息。另一方面，金融机构需尽可能实时地向市场参与者发布合格金融工具（包括股票和非股票金融工具）的所有交易细节。在实际作业中，对某些金融工具来说，这意味着需要在交易后的 1 分钟之内发布报告，而现阶段欧盟只有 10% 的金融机构能够达到这个标准。

（二）合规报告的监管科技解决方案

1. 应用程序编程接口

应用程序编程接口（Application Programming Interface，API）是一些预先定义的函数，在无须访问源代码、理解内部工作机制的情况下，为应用程序和操作人员提供程序接口。API 能衔接软件系统的不同组成部分，可成为监管部门和金融机构之间交互的接口。监管部门通过 API 为金融机构提供各项监管指标的程序接口，方便金融机构对其内部流程和数据进行编程，并通过 API 统一的协议交换数据和生成报告。

运用 API 生成和提交合规报告，具有诸多优势。第一，以 API 提交的合规报告将会以数字化的形式存在，这在很大程度上降低了合规报告保存的难度和成本。第二，减少人工数据输入，提高监管报告的准确性。对金融机构的工作人员来说，手动输入数据非常耗时，并且容易出现误操作行为。借助 API，工作人员只需输入关键数据，其他数据便可自动生成。第三，加快实施时间。API 不仅能与其他应用程序无缝集成，而且还能与现有的基础设施相链接，通过链接其他应用程序和基础设施，能够有效获取合规报告中的相关数据，几分钟内就可以完成报告流程。第四，降低工作难度。API 使合规报告输入的数据量减少，而且较多计算过程可自动完成，大大降低了合规报告的工作难度，即使是新入职员工也能在短时间内进行操作。

2. 云计算

云计算在合规报告领域具有很大的应用前景。当前，AQ Metrics、Hexanika、Treamo 和 RegTek Solutions 等监管科技公司都借助云计算平台为金融机构提供合规报告解决方案。对监管科技公司来说，合规报告解决方案具有普适性，无须（或略做）修改便可同时服务多个金融机构，借助云计算平台，监管科技公司可低成本重复提供服务。此外，云计算的可拓展性强，监管科技可根据新出的监管要求不断增添新功能，比如针对将要正式实施的 MiFID Ⅱ，已有不少监管科技公司借助云计算平台拓展相应的解决方案。对金融机构来说，尤其是中小型金融机构，其无须配备相应的基础设施和人力资源，通过使用云计算平台上的合规报告解决方案便可自动生成合规报告，不仅满足了监管要求，还能极大地降低合规成本。

3. 智能立方体

智能立方体（Smart Cubes）是多维数据矩阵，该概念由奥地利中央银行首次提出，是一种新型的合规报告要求。与传统合规报告不同，智能立方体以标准化、自动化的格式来表示、验证和报告经过编译的数据集（Basic Cubes），能更清楚地呈现和解读数据，并确保合规报告能被不同监管部门低成本重复使用。现在，奥地利中央银行已经将智能立方体运用到业务中以帮助银行和监管部门了解“巴塞尔协议”的所有规定和欧洲的各种监管框架①。

① Wolters Kluwer. RegTech：Helping Your Data Work Smarter and Harder［R］. London，2017.

（三）案例分析

1. AQ Metrics

AQ Metrics 是一家专注于金融监管合规领域的软件提供商，2012 年在爱尔兰都柏林创立。公司基于云计算平台为投资经理、资产管理机构和证券公司等客户提供风险登记、风险监测和合规报告等服务。

AQ Metrics 提供的风险登记表解决方案能帮助客户更加系统地管理风险。风险登记表解决方案具体包括以下三个方面：第一，通过风险登记表来记录风险分析的过程和风险应对的结果；第二，通过风险登记表来报告企业各个部门的风险和风险的集中点；第三，通过提供简单易懂的风险报告，将企业的风险管理和行为规范相匹配。

AQ Metrics 借助先进的分析工具为投资经理和资产管理机构提供风险洞察，包括交易对手风险、信用风险、市场风险和流动性风险等。此外，AQ Metrics 还会通过短信和电子邮件等方式提醒客户，以确保客户能熟悉整个交易流程中存在的风险。

AQ Metrics 为投资经理和资产管理机构提供自动化报告服务，使这些金融机构能够满足 AIFMD、MiFID Ⅱ、Solvency II 和 FATCA 等监管文件对合规报告的要求。以 MiFID Ⅱ为例，AQ Metrics 的 MiFID Ⅱ解决方案已经准备就绪，该解决方案为客户提供自动化报表服务，协助客户在合规报告精确性和资料收集时效性等方面符合监管要求。

AQ Metrics 的解决方案具有以下三个方面的优势：第一，AQ Metrics 基于云计算平台提供解决方案，可随着新规的陆续出台，低成本地拓展解决方案，同时业务连续性和灾难恢复能力更为强大和可靠。第二，节约合规成本。通过 AQ Metrics，金融机构的风险和合规管理更加高效，能减少金融机构在基础设施和人员招聘等方面的成本。另外，借助 AQ Metrics 平台，金融机构可减少对第三方的需求，咨询成本和法律费用会大幅度下降。第三，AQMetrics 的定价模式清晰透明，金融机构按需付费，成本可预测。

Opus 是 AQ Metrics 的客户之一，是一家全球性的基金管理公司，在纽约、芝加哥、旧金山和百慕大皆设有办事处，为全球客户提供资金管理服务。FATCA 要求报告必须以 XML 格式来编制。AQ Metrics 为 Opus 提供了一个无缝云解决方案，以及时评估、跟踪和呈现经过验证的 FATCA 数据。AQ Metrics 为 Opus 提供了可审计的 XML 报告，可将其分发给 Opus 的所有管理层或直接发布给监管部门，包括非欧盟和非美国监管部门，如英属维尔京群岛金融服务委员会。

2. Hexanika

Hexanika 是一家监管科技服务商，于 2014 年在美国纽约成立。公司专注于帮助金融机构解决数据管理和报告所面临的合规问题，借助大数据和云计算技术确保金融机构履行合规义务，并通过流程自动化来降低金融机构的合规成本。

公司借助独特的解决方案 DRaaS（Data Readiness as a Service）和 RaaS（Reporting as a Solution）为金融机构提供两种智能产品：SmartJoin 和 SmartReg。

SmartJoin 解决方案基于 Hadoop 框架，使用语义、启发式和机器学习来整合、合并、汇总和管理来源不同的结构化或非结构化数据。此外，公司通过有效利用开源技术，使客户低成本地使用该解决方案。以其在大型银行中的应用为例，公司运用 SmartJoin + DRaaS 为大型银行构建客户主数据，包括数据发现、重复数据清理、数据验证和数据更新，使银行可以识别 99% 的独特客户，并生成高质量的报告。

SmartReg 为银行等金融机构提供端到端合规报告解决方案，使合规报告在银行现有系统内就能实现可定制和可配置，并可随着合规要求的变更自动更新。目前该解决方案已完成概念证明。

七、法律法规跟踪

（一）法律法规跟踪难度渐升

金融危机之后，全球金融监管者都会对金融危机的成因及其暴露的问题进行反思和总结，并出台新的监管政策来进一步加强金融监管。以 2008 年爆发的国际金融危机为例，全球金融监管者意识到金融机构的风险抵御能力不足、风险管理和公司治理水平与所承受的风险不匹配是此次危机爆发的主要问题，基于此，巴塞尔银行监管委员会发布《巴塞尔协议Ⅲ：更具稳健性的银行和银行体系的全球监管框架》和《巴塞尔协议Ⅲ：流动性风险计量、标准和监测的国际框架》等监管文件以提升对全球金融体系的监管力度和强度。

监管政策的复杂性、多变性和全球性会加剧金融机构法务人员对法律法规的跟踪难度。第一，金融机构的法务人员不仅需要搜索最新发布的法律法规，还需要逐条核对新旧监管文件之间存在的差异，并研究新发布法律法规对机构现有业务可能会造成的影响。这个过程需要耗费大量的时间和精力进行重复性劳动，这也就意味着在新监管文件不断出台的背景下，金融机构需要配备更多的法务人员。第二，随着全球化进程的推进，开展跨国业务的金融机构不仅需要满足本国的法律法规，还需要符合其他国家或者国际组织的监管文件。此外，各国监管部门发布的监管文件在形式上可能存在差异，这进一步提高了法务人员的学习难度。最后，据 IBM 公布的统计数据，2015 年，全球共出现 2 万份新的监管文件，预计到 2020 年，全球仅银行领域的监管文件就将累计达到 3 亿多页，这已远远超出人类的学习能力。

（二）人工智能对法律法规跟踪带来影响

人工智能能实现法律法规的实时跟踪。人工智能借助其在数据运算速度和传播速度等方面的优势，不仅能够快速掌握现有的法律法规和监管案例，而且还能够快速学习最新的法律法规和监管案例，实时更新知识体系。当金融机构的法务人员在处理具体案件的时候，只需要输入关键词，人工智能只需几秒钟就可以从海量法律文档中帮助法务人员找到含有问题答案的精确段落。对于新发布的法律法规，人工智能还能第一时间比较其与原有法律法规之间存在的差异，帮助法务人员发现由于法律法规发生变化而对现有业务产生的影响，使金融机构在第一时间更正现有业务，降低金融机构的合规风险。

人工智能能快速比较和分析不同国家监管文件之间的关联性和差异

性，帮助金融机构合法地开展跨境业务。知识图谱作为人工智能技术的重要细分领域，在分析“关系”方面具有重要优势。第一，知识图谱提供了非常便捷的方式来添加各种类型的新数据源，能有效克服不同监管文件形式差异带来的难题。第二，知识图谱通过多关系图将各国监管文件之间的关系可视化，可以帮助金融机构更有效地分析当中存在的关联性和差异性。

人工智能能降低金融机构跟踪法律法规的成本。法务人员拥有的法律知识很难迁移，若是出现人才流失，金融机构只能选择高薪外聘资深的法务人员或者花费大量时间重新培养法务人员，成本非常高。以人工智能为基础搭建的法律法规跟踪系统，算法和数据极易复制，能低成本迁移至其他机器设备。金融机构不仅无须担心人才流失问题，而且还能将系统向子公司、分公司或者合作企业推广。此外，人工智能没有“健忘症”，能实现信息的“永久记忆”。

（三）案例分析：Watson Financial Services

Watson Financial Services 是 IBM 收购咨询公司 Promontory 金融集团后组建的子公司。Promontory 是一家在风险管理和监管合规方面全球领先的咨询公司。Watson Financial Services 将 Promontory 在金融监管方面的专业知识和 IBM 人工智能系统 Watson 的认知技术进行融合，帮助银行满足日渐增多和频繁变化的监管要求，比如建设反洗钱检测系统、客户投诉数据库以及进行压力测试。

Promontory 金融集团拥有 600 多名金融监管领域的专家，这些专家对 Watson 系统进行训练，使其不断学习和消化法律法规和现实世界的案例，在此基础上通过 IBM 云平台为金融机构提供解决方案。解决方案包括跟踪金融机构在法律法规中需要履行的义务和监管部门对金融行业的期望，还包括为金融机构提供建模服务，监测金融机构的外部风险和内部威胁，防范反欺诈和反洗钱等金融犯罪行为。

现在 Waston 系统每周虽然只能学习数十条规则，但是随着算法和系统的完善，其学习速度正在不断加快。

第七章　监管科技的良好试验地——“监管沙盒”

本章主要介绍监管科技创新和金融科技创新的良好试验环境——“监管沙盒”，共分为四小节。第一节对“监管沙盒”的概念和来源进行简要介绍。第二节解释了监管科技和“监管沙盒”两者之间的双向关系。第三节对英国、新加坡、澳大利亚、中国香港以及加拿大五个国家和地区“监管沙盒”发展现状及具体实施措施进行详细阐述。第四节则在借鉴第三节内容的基础上，对中国内地发展“监管沙盒”提出建议。

一、“监管沙盒”的概念

近年来，随着新技术的不断发展和金融领域的持续创新，新技术开始向金融领域渗透，金融科技异军突起。金融科技在降低金融业务成本、推动普惠金融落地生根的同时，不可避免地也伴随了诸多风险。欧美国家率先探索新型的监管模式。其中，英国率先提出“监管沙盒”（Regulatory Sandbox）概念，并以此来实现金融创新与监管的新平衡。新加坡、澳大利亚、中国香港和加拿大等国家和地区也随后效仿，在不同程度上开展“监管沙盒”测试。

沙盒（Sandbox），也称沙箱，取自计算机语言，多指通过授予应用程序受限的访问权限，为其提供测试环境，早期主要用于可疑软件的测试，其特点是测试不会对真实系统的安全造成影响。将沙盒引入金融监管，形成“监管沙盒”，意在通过新型监管方式，为金融创新提供安全的测试环境。在该环境中，通过特别授权、对测试企业提供监管建议、在测试阶段不采取强制措施等方式，企业能在有效控制金融风险的情况下实现真正的金融创新。

这种试验对金融创新有重要推动作用。一方面，创新对实时性的要求较高，但监管因无先例可寻会导致审批周期长，很容易错过金融创新的发展时机，“监管沙盒”有效地解决了该矛盾，让创新在指定区域和范围内即时开展，提高了创新开发能力。另一方面，技术创新有很高的失败风险，可能影响创业者和消费者的利益，如果控制不好甚至会酿成系统性风险，“监管沙盒”能够将风险保持在可控范围内，降低了创新的风险。

二、“监管沙盒”与监管科技的关系

（一）“监管沙盒”是监管科技的良好试验地

无论是金融业务创新还是金融监管模式和工具创新，在创新的过程中不可避免地都会伴随许多不确定因素的产生。“监管沙盒”不仅能够为金融科技等创新提供安全测试环境，同时也能成为监管科技的良好试验地。

对监管部门而言，如何准确、高效、适度地利用监管科技进行金融监管十分重要。一方面，虽然监管科技可以提高风险敏感性，但并不是风险敏感性越高越好。如过度提高风险价值（VaR）和违约概率（PD）的风险敏感性，就可能引发金融顺周期性问题。另一方面，若监管科技没有被利用到位，便很可能形同虚设。在监管科技广泛应用于市场之前，在“监管沙盒”这一安全且有限的范围内对监管科技的监管力度、监管效能进行事先测试十分必要。

对金融机构而言，监管科技在金融机构间的广泛使用可能造成合成谬误①。多家金融机构在监管科技的助力下采取相近措施，可能会放大市场波动，从而使它们的利益集体受损。对这种可能存在的问题应尽早在“监管沙盒”测试过程中进行暴露，并事先寻找解决方案。

---

① 可参考本书第三章第五部分“监管科技的局限性”中的第五点。

（二）监管科技助力“监管沙盒”稳健运行

从监管介入时间的角度来看，与现有金融监管体制和监管模式相比，“监管沙盒”具有准入前金融监管的本质特征。“监管沙盒”的特殊性质决定其必须进行严格的事前监管，对欲申请进入的测试机构提出了诸多条件并进行严格审批。申请机构相应地也会提交诸多相关材料。面对斗量筲计的申请机构和浩如烟海的审批资料，监管部门难免力不从心。这便需要监管科技发挥作用。监管科技通过对申请材料进行收集、分类、整理以及共享，实现监管信息化，从而能更好地实现数据处理。

“监管沙盒”虽是准入前监管，但并不意味着无须进行事中和事后监管。在事中监管过程中，应用监管科技可谓一举两得。一方面，监管部门利用监管科技进行市场行为监控，提升反欺诈、反洗钱、反恐怖融资的能力，从而提高监管的实时性、动态性和精确性。另一方面，金融机构通过监管科技进行风险管理、跟踪法律法规、生成合规报告，能进一步提升自身的合规效率，促进金融产品或服务符合监管规定。

三、主要国家和地区“监管沙盒”的发展现状

（一）英国

英国金融行为监管局（Financial Conduct Authority，FCA）于 2015 年 11 月发布《监管沙盒报告》，并于次年正式推行“监管沙盒”制度。FCA 推行“监管沙盒”制度的主要目的在于为因种种限制而无法进入市场的金融创新产品提供一个“缩小版”的真实市场和“宽松版”的监管环境。在保障消费者权益的前提下，允许金融科技公司对创新的产品、服务、商业模式和交付机制进行大胆操作。英国“监管沙盒”制度的主要内容包括以下几个方面。

1. “监管沙盒”的申请条件

（1）金融科技公司需具备创新的产品或服务，能够解决当前金融业的

瓶颈或能够支持金融业务的发展；（2）产品或服务显著异于传统的金融业务；（3）能够为消费者和社会创造直接价值；（4）具备明确的发展目标和发展规划；（5）具备社会责任感，具有强烈的合规性和自律性。

2. “监管沙盒”的申请流程

对于具备条件的金融科技公司，FCA 通过测试等流程决定是否接受其进入“监管沙盒”，其中，金融科技公司在“监管沙盒”中的测试时间一般为 3～6 个月。具体流程如图 7－1 所示。

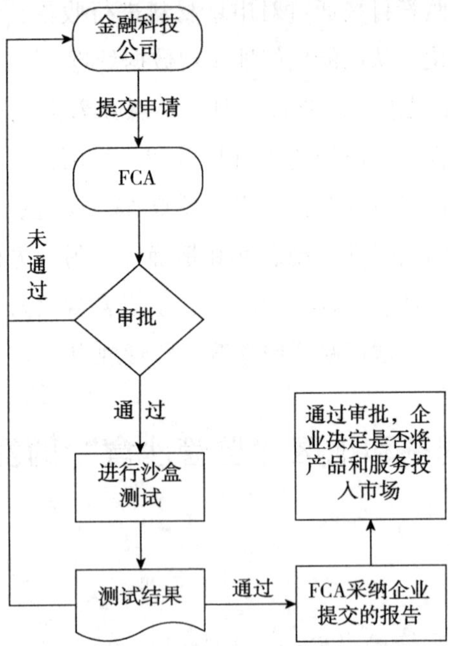

图 7－1 英国“监管沙盒”流程

3. “监管沙盒”的作用

FCA 能够对处于“监管沙盒”内的企业提供多种帮助，包括对持牌金融机构的金融创新行为提供合规性评估，为企业提供合规性指导，在其权限范围内行使一定的法律豁免权；对非持牌机构提供“短暂授权”，允许在沙盒期间测试持牌机构业务，了解消费者对产品或服务的需求，为申请正式金融牌照做准备。但需要注意的是，沙盒内的企业如给消费者造成了损失，需要对消费者进行赔偿，并需要证明其具备该赔偿能力。FCA 不采取执法行动也不免除企业对消费者的责任。

（二）新加坡

MAS于2016年6月提出了“监管沙盒”制度，为金融企业创新提供一个良好的制度环境。MAS将“监管沙盒”作为一个“试验区”，一方面，通过这个“试验区”放松对产品和服务的法律监管和约束，允许传统金融机构和金融科技公司在该范围内试验新产品、新服务、新模式等创新；另一方面，MAS甚至计划根据“试验结果”修改立法和提出新的法律制度。新加坡“监管沙盒”制度的主要内容包括以下几个方面。

1. “监管沙盒”的申请流程

企业向MAS提交申请及技术说明等文件，经过审核后，MAS将在21个工作日内给予回复。MAS对适合的项目进行评估和测试，根据评估结果来决定企业是否进入“监管沙盒”。

2. “监管沙盒”的评估标准

在“监管沙盒”中进行了登记注册的企业，在完成业务报备的情况下，允许开展与现行金融制度和法律法规有冲突的金融创新业务。企业需具备实施和推广金融科技解决方案的能力，具有切实的技术创新性且能够解决当前重大问题或为消费者和行业带来益处。同时，企业需实时向MAS汇报测试进程和测试结果，具有可接受的退出和过渡策略来终止创新业务。对于非真正的创新、会损害消费者利益、可另外试验而没必要进入“监管沙盒”、没有推广意图等项目，则无法进入“监管沙盒”中。

3. “监管沙盒”的退出机制

进入“监管沙盒”是有时间限制的，一旦达到事先规定的测试时间，MAS所放宽的任何法律和监管规则将同步到期，企业将退出沙盒。如果企业因为特定原因需要延期的，可以在监管期结束前向MAS提出申请并说明理由。另外，如果企业在“监管沙盒”期间的测试结果令人非常满意，企业在退出沙盒后将继续享有在更大范围内部署相关技术解决方案的权利。

（三）澳大利亚

2016年3月，澳大利亚联邦政府批准ASIC成立“监管沙盒”机制。同年12月，ASIC发布《监管指引文件》（*Regulatory Guides*），文件指出，对于符合条件的金融科技公司，在其向ASIC申请备案之后，无须持金融服务牌照或信贷许可证即可测试特定业务，并且之后ASIC可能根据具体的测试结果修改相关法律。此后，ASIC分别在2017年2月和8月对《监管指引文件》中的具体内容进行不同程度的补充和细化，对申请条件和流程、测试要求和范围等均做出明确规定①。具体内容如下：

1. “监管沙盒”申请对象

澳大利亚“监管沙盒”采取“排除法”来筛选合资对象。以下公司被排除在“监管沙盒”之外：（1）被禁止开展金融服务和信贷服务的公司；（2）已获得金融服务牌照和信贷许可证的公司；（3）获得金融服务或信贷持牌机构授权开展业务的公司；（4）金融服务或信贷持牌机构的相关法人团体。此外，根据《澳大利亚公司法》在澳大利亚注册的外国公司，也有权申请进入“监管沙盒”。

2. “监管沙盒”申请流程

首先，申请机构以书面的形式向ASIC提交申请，并提供相关信息。其次，ASIC对申请材料进行审核。最后，对于审核通过的机构，ASIC将其测试业务的基本信息公布于ASIC官网，并实时更新各阶段的测试成果，以便让消费者和相关企业了解并进行监督。

3. “监管沙盒”评估标准

为确保风险可控以及保护消费者利益，ASIC对在“监管沙盒”中进行测试的机构提出明确要求：（1）在开始运营测试产品之前需向ASIC备案；（2）产品的测试时长为12个月；（3）企业服务的散户投资人数量不得超过100人；（4）企业最多能够拥有500万澳大利亚元的融资额度；

---

① ASIC. Testing FinTech Products and Services without Holding an AFS or Credit Licence [R]. 2017.

（5）支付类金融科技公司欲获得豁免，需得到银行的支持；（6）企业必须满足消费者保护条例的要求。

4. “监管沙盒”试用范围

需要注意的是，“监管沙盒”的法律豁免只针对由 ASIC 制定的法律，对于其他的法律要求，测试机构无法获得豁免。比如，申请机构需检查自身业务是否符合由澳大利亚交易报告和分析中心（Australian Transaction Reports and Analysis Centre，AUSTRAC）制定的《反洗钱法》和由税务师委员会（Tax Practitioners Board）制定的《税法》的要求。

（四）中国香港

2016 年 9 月，主要负责维持香港货币及银行体系稳定的香港金融管理局（HongKong Monetary Authority，HKMA）推出“监管沙盒”，旨在让渴望进行业务创新的香港银行及其配套的科技公司在不完全符合当前监管规定的情况下，进入“试验区”内进行金融产品的创新试行[①]。进入“监管沙盒”的机构可通过与 HKMA 实时互动，获得真实的市场数据以及收集用户反馈意见，对创新产品做出进一步修改，从而加快创新产品的研发和推广速度以及降低开发成本。“监管沙盒”的内容包括以下几点。

1. “监管沙盒”的申请对象

HKMA 设置的“监管沙盒”的服务对象仅限于需要进行金融创新的香港当地银行以及为银行的业务流程提供技术创新的科技公司。

2. “监管沙盒”的评估标准

（1）对测试机构界定明确的试行范围及测试时长（按不同的测试机构进行特定设置）。（2）建立消费者权益保护措施。要求试行金融机构对消费者投诉进行及时处理、对消费者的损失进行赔偿、对消费者退出试行进行合理安排等。对于参与试行的消费者，则要求其知晓试行中产品或服务的风险并自愿参与。（3）建立风险管理措施。降低因未完全符合当前监管规定而引起的风险，以及控制因测试而对银行系统构成的潜在风险。

① HKMA. FinTech Supervisory Sandbox. http：//www. hkma. gov. hk/. 2017.

(4) HKMA要求对试运行的金融机构进行密切且持续的监控，实时掌握其测试情况。

3. “监管沙盒”的退出机制

在规定时间内完成测试并测试成功的机构，可向 HKMA 申请将创新产品推向市场，并持续受 HKMA 监管。而测试失败的企业在正式退出沙盒之前应向 HKMA 提交终止试行计划的具体退出方案，对其造成的风险和损失，并不会因其在沙盒中试行而免责。

4. “监管沙盒”的最新测试情况

截至 2017 年 10 月 31 日，已有 9 家银行的 25 项金融创新产品在 HKMA 的“监管沙盒”中试行。其中，11 项产品已完成测试，后续将陆续投向市场；15 项产品是由银行与配套科技公司合作研发的。在“监管沙盒”中测试的具体技术如表 7－1 所示。

表 7－1　HKMA“监管沙盒”的测试内容

测试技术	测试数目
生物认证（Biometric Authentication）	7
软令牌（Soft Token）	2
聊天机器人（Chatbot）	2
分布式分类账本技术（Distributed Ledger Technologies）	4
其他技术（如应用程序编程接口（API）、经社交媒体平台发放通知服务、网上开设银行账户）	10
总数	25

2017 年 9 月底，香港证监会和香港保监会沿用 HKMA“监管沙盒”的运行标准，分别推出“证监会监管沙盒”和“保险科技监管沙盒”，将“监管沙盒”的面向群体拓展为欲进行金融产品创新的受证监会监管的企业和受保监会监管的保险公司，从而进一步推动香港金融业的全面创新。

(五) 加拿大

2017 年 2 月，负责监管加拿大各省市证券市场的加拿大证券监管部门

（Canadian Securities Administrators，CSA）宣布建立“监管沙盒”机制，目的是在适当保护投资者利益的前提下，进一步推进金融产品、服务和应用的创新。该“监管沙盒”面向加拿大市场上真正的金融创新，CSA 会对申请加入沙盒的企业进行逐个审查，审查通过的企业能够将产品和服务投入到整个加拿大市场进行测试①。加拿大“监管沙盒”的具体内容主要包含以下几个方面。

1. “监管沙盒”的申请对象

（1）包括众筹、网络借贷、天使投资等在内的线上平台，或为证券交易业务提供创新技术的公司；（2）利用人工智能进行金融服务的公司；（3）开发和应用加密货币和分布式账本技术的公司；（4）监管科技公司。此外，“监管沙盒”的服务对象不仅局限于金融科技公司，同时也包括进行金融创新和技术创新的传统金融机构。

2. “监管沙盒”的申请流程

（1）欲申请进入 CSA“监管沙盒”的金融机构首先需要先向当地证券监管部门进行申请，并提交相应的申请材料。比如在安大略省注册的金融科技公司想要申请进入“监管沙盒”，首先需要向安大略省证券委员会（Ontario Securities Commission，OSC）的 OSC LaunchPad② 提出申请；（2）在收到申请材料后，当地的证券监管部门就申请机构的具体业务、商业模式等进行初步审核，审核的标准是金融产品和服务必须是真正的创新；（3）CSA 对通过各地证券监管部门审核的金融机构进行二次审核，二审通过者将有机会进入“监管沙盒”；（4）CSA 根据入围“监管沙盒”的金融机构的具体情况，分别对其设置特定的豁免条款和限制条件，若申请机构接受这些特定内容，便能在规定时间内在“监管沙盒”中进行测试，而不受当前监管法规的限制。具体流程如图 7－2 所示。

① CSA. CSA Regulatory Sandbox. https：//www. securities－administrators. ca/. 2017.

② OSC LaunchPad 是 OSC 中监管金融创新业务的部门，它通过与当地金融科技公司建立联系，一方面为其提供咨询服务，另一方面在实时掌握金融市场创新的情况下，有针对性地进行监管。

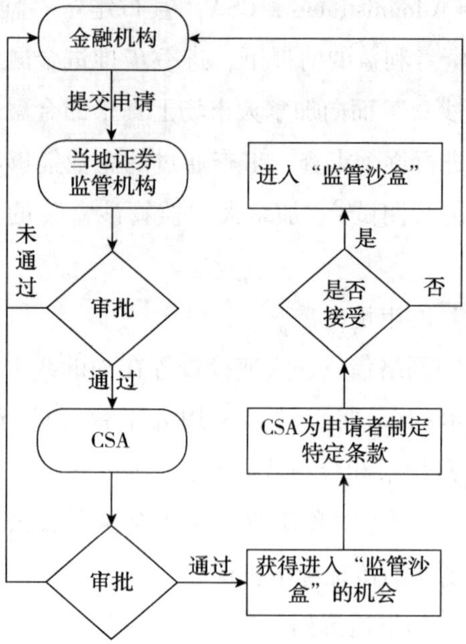

图7-2 加拿大“监管沙盒”流程

四、中国内地“监管沙盒”的发展路径

（一）中国内地实施“监管沙盒”的可行性和必要性分析

1. 可行性分析

（1）与“金融改革试点”逻辑相符

在金融科技快速发展之际，一方面，现行监管制度可能无法与之相适应，甚至一些监管措施会遏制金融创新；另一方面，监管部门可能对新生事物不甚了解，监管能力不足，难以准确把握金融科技的发展情况及影响。为应对这些难题，“监管沙盒”应运而生，在小范围内创建一个“缩小版”的真实市场和“宽松版”的监管环境，即以试点的形式在小范围内进行测试，在科学评估的基础上，将成功经验进行总结，将可行方案进行推广，进而制定相宜的新制度。

中国的国情较为特殊，金融改革不得不“摸着石头过河”。区域金融改革是近年金融改革的一个重要维度，通过有重点、有目的地推动部分地区进行金融改革试点，采取“先试点、再总结、后推广”的模式，促进区域经济发展，为全国层面的整体改革积累宝贵经验①。以浙江省台州市小微企业金融服务改革创新试验区为例，通过发展专营化金融机构和互联网金融服务新模式、支持小微企业在境内外直接融资、完善信用体系等举措，探索缓解小微企业融资难题。“监管沙盒”与中国“金融改革试点”的逻辑相符，均是采取先局部试点、后整体推广的方式，可见，中国有实施“监管沙盒”的实践基础。

(2) 监管科技水平提升

“监管沙盒”的重要创新在于新型的产品、服务、商业模式和交付机制在面向真实市场和进行推广之前要在小范围的真实环境中进行测试。对这些内容的测试，一是需要打破传统的事后监管模式，注重事前引导；二是需要对测试的全过程进行实时、动态的监测和风险预警，尽早发现违规操作和高风险交易；三是需要对事后的测评结果进行分析总结，在机器学习的基础上形成自动化监管。

目前，我国的监管科技能力正逐渐提升，相关监管系统和工具正在研发。在事前监管方面，我国的资本市场中央监管信息平台和统计信息系统已上线，运用大数据技术等对监管数据进行统一收集、分类、整理以及信息共享，全面提高监管信息化水平。在事中监管方面，我国的反洗钱监测分析系统、反洗钱监管档案系统已经升级，初步构建了涵盖银行业务、资本市场、保险业务的监管体系。此外，我国正在大力强调“穿透式”监管理念，加强对跨行业、跨市场交叉性金融产品的监管能力②。可见，我国监管科技的快速发展已为在国内实施“监管沙盒”初步奠定了技术基础。

2. 必要性分析

(1) 平衡金融创新与监管，提供理想试验环境

以大数据、云计算、人工智能和区块链为代表的金融科技促进了金融

---

① 潘功胜. 认真总结推广经验扎实推进区域金融改革创新 [J]. 南方金融，2014 (12)：4-5.

② 中国人民银行. 中国金融业信息技术“十三五”发展规划 [R]. 2017.

业务的快速发展。新技术强化了市场稳定性，提升了资源配置率，优化了风险配置，进一步推进了金融业的精细化发展。然而，新技术的出现并未改变金融风险，也没有偏离传统金融的本质，反而将金融风险变得更加复杂和隐蔽，涌现了诸多新风险。对监管者而言，在金融创新和有效监管之间寻求平衡无疑是一大难点。一方面，若放任金融科技随意发展，不加以约束，难免“野蛮生长”，危害消费者，甚至给金融市场带来潜在的“系统性”风险。另一方面，若监管者一开始就对金融科技抱着防备心理，难免会阻碍金融科技的发展，严重抑制金融创新。

“监管沙盒”解决了金融监管当局面临的两难问题。“监管沙盒”提供了一个“缩小版”的真实市场和“宽松版”的监管环境，在保障消费者权益的前提下，允许金融科技初创公司对创新的产品、服务、商业模式和交付机制进行大胆操作。如此，不仅金融科技初创公司可以在规定范围内进行大胆创新，监管部门也可以随时了解金融创新情况，为之后制定金融科技方面的政策法规积累经验。监管部门与金融科技公司可以通力合作，共同推动金融科技的健康发展。

（2）较“金融改革试点”更为全面

“监管沙盒”与“金融改革试点”的逻辑相符，在很大程度上“金融改革试点”为在中国实施“监管沙盒”提供了实践基础。然而为何不直接沿用“金融改革试点”思想，却要另辟“监管沙盒”机制？

首先，“监管沙盒”较“金融改革试点”的试点范围更广泛。“金融改革试点”对区域有一定限制，主要针对条件成熟地区分类开展金融改革创新试点。而“监管沙盒”具有“跨区域、跨市场”的特点，只要测试企业符合准入条件，便可进入“监管沙盒”。

其次，“监管沙盒”较“金融改革试点”的试点内容更多元。“金融改革试点”不仅需在符合条件的特定区域开展，同时需要突出特色，根据该区域的特点实施专项金融改革创新。“监管沙盒”对测试内容更为多元，不只局限于特定范围，一般包括创新的产品或服务、产品或服务显著异于传统金融业务、能为消费者和社会创造直接价值的产品或服务。

最后，“监管沙盒”较“金融改革试点”的授权力度更大。由于“金融改革试点”是专门针对特定内容进行改革试点，因此对改革的授权相对单一，一般只放宽某一方面的监管政策。“监管沙盒”则对在内测试的企业进行综合授权①。以英国“监管沙盒”为例，FCA 对持牌金融机构的金融创新行为提供合规性评估，在其权限范围内提供一定的法律豁免权利；对非持牌机构提供“短暂授权”，允许在沙盒期间测试持牌机构业务，了解消费者对产品或服务的需求，为申请正式金融牌照做准备。

（二）中国内地实施“监管沙盒”的路径分析

中国内地欲借鉴别国经验发展“监管沙盒”，“监管沙盒”相关的测试机构、监管主体、业务范围、具体实施流程、相应的监管措施和消费者保护等内容均应根据本国的具体情况进行一一明确。

1. 界定测试对象

渴望进行金融创新的机构一般有两类：一是像银行等传统金融机构，为提升自身竞争优势，向消费者提供更优的质服务，而开展金融创新；二是将新技术融入金融领域的金融科技公司，金融科技公司在一定程度上缓解了中小企业融资难、融资贵的问题，能够进一步推动普惠金融的发展。对商业银行、证券公司、保险公司等传统金融机构而言，由于其自身的内部控制、风险控制等措施较为完善、消费者保护等制度较为健全，在一定程度上具有较强的风险抵御能力以及造成损失后的风险承受能力。因此，中国内地“监管沙盒”在挑选测试对象时，可以效仿香港地区的做法，在“监管沙盒”运行的第一阶段，让符合条件的银行等传统金融机构及在其保护伞下的相关公司先行。若测试效果良好再开启“监管沙盒”第二阶段，在该阶段，将允许符合条件的金融科技公司进入测试环境。待“监管沙盒”的运作模式相对成熟时，也可考虑将测试范围拓宽至金融以外的领域。

此外，关于进入“监管沙盒”的测试产品或服务的标准可参考英国 FCA 制定的申请条件和要求。除了对测试机构必须具备合规性的要求外，

① 张景智．“监管沙盒”的国际模式和中国内地的发展路径［J］．金融监管研究，2017（5）：22－35.

还需规定进行测试的内容是明显区别于现有金融产品或服务的真正创新，能够解决当前金融业的瓶颈或能够支持金融业务的进一步发展，且能为消费者和社会创造直接价值。

2. 明确监管主体

“监管沙盒”的测试对象明确之后，维护“监管沙盒”正常运行以及对测试机构进行监管的主体也必须清晰。根据当前中国内地金融业的监管模式，可由中国人民银行牵头，会同中国银监会、中国证监会和中国保监会，以部门规章的形式制定“监管沙盒”制度。“一行三会”负责“监管沙盒”的具体实施，并对进入沙盒的符合资格企业进行有效监管。此外，各地金融监管部门有权利和义务对当地欲进入“监管沙盒”的企业进行事前、事中以及事后管理，并向中央汇报最新工作进展。

3. 规范申请流程

与英国、新加坡等小型开放的经济体不同，中国是幅员辽阔、人口众多且金融市场巨大的国家，因此中国内地在“监管沙盒”的实施过程中面临的问题也将更为复杂。加拿大“监管沙盒”从地方审批到中央审批这样层层递进式的申请流程，在很大程度上解决了部分国家面临的地域分布广泛、金融市场规模庞大的问题。中国内地“监管沙盒”的实施流程可借鉴加拿大的做法。欲进入“监管沙盒”的企业需向当地金融监管部门进行申请，并提交相关基本信息和欲在沙盒中测试的产品或服务的具体实施方案。地方金融监管部门对申请企业进行审批，并将审批通过者的方案呈送“一行三会”。“一行三会”对申请企业进行二审，并对二审通过者制定特定的豁免条款以及限制条件，若申请机构接受这些要求，便能正式进入“监管沙盒”。之后，“一行三会”将对沙盒内企业进行持续监测和定向测试。此外，各地方金融监管部门有权利和义务协助“一行三会”对进入沙盒的当地企业进行监督和管理。

4. 细化测试要求

为确保测试过程中产生的风险可控以及保护参与测试的消费者利益，中国内地在制定“监管沙盒”的具体实施细则方面应效仿澳大利亚和中国香港，对测试机构分别进行事前、事中以及事后监管。在“监管沙盒”正式运行前，“一行三会”应针对不同类型的测试产品或服务分别制定具体测试时长、面向的消费者类型和数量、机构在测试期间的融资额度等，并严格建立具体的消费者权益保护措施，如保障消费者的知情权、自由选择权、财产安全权和依法求偿权等。在正式测试期间，测试机构应定期向“一行三会”汇报测试进程，提交测试项目的中期成果和书面报告，并随时接受“一行三会”的检查和定向测试。在退出“监管沙盒”后，无论测试结果成功与否，测试机构均需向“一行三会”提交测试反馈，为“监管沙盒”的后续开展提供实践支持。而对于在测试失败情况下退出沙盒的机构，则需其制订和实施具体的退出方案，确保损失降至最低。

第八章　监管科技的中国路径和全球展望

本章是监管科技的中国路径和全球展望，共分为四小节。第一节从中国政府对监管科技的政策支持和实践应用以及中国企业对监管科技的积极探索三个角度出发，对中国监管科技的发展现状进行介绍。第二节分析了现阶段中国监管科技发展面临的六大主要挑战。根据中国监管科技的发展现状和面临的挑战，第三节对中国持续发展监管科技提出五点政策建议。第四节根据监管科技的市场现状和技术现状，对全球监管科技的未来发展做出两个方向的展望。

一、中国监管科技的发展现状

早在2003年，“监管科技”的逻辑就已应用到中国的实务当中。比如，2003年中国银监会推出“1104工程”，建设“银行业金融机构监管信息系统”，旨在准确收集监管信息、统一管理操作流程和评价标准等。标准化的报表报送对数据要求较高，中小银行合规时间紧、成本高，这种情况下精通于此类业务的第三方金融服务公司应运而生。从某种角度来看，这些公司与监管科技公司有异曲同工之妙，都着力帮助金融机构降低合规难度和合规成本，差别在于采用的方法是传统技术还是大数据、人工智能和云计算等新兴技术。现阶段，监管科技在全球范围内迅速兴起，中国政府对此高度重视，不仅在政策上给予大力支持，还积极将其运用到监管实践中。此外，中国企业开始积极探索监管科技。

（一）政策支持

2017年5月，中国人民银行成立金融科技委员会，强化监管科技的应用实践，积极利用大数据、人工智能、云计算等技术丰富金融监管手段，提升跨行业、跨市场交叉性金融风险的甄别、防范和化解能力。

2017 年 6 月，中国人民银行印发《中国金融业信息技术“十三五”发展规划》，明确提出要加强金融科技和监管科技研究与应用，研发基于云计算、应用程序编程接口（API）、分布式账本技术（DLT）、密码技术等新兴技术的金融监管平台和工具，应用数字化监管协议与合规性评估手段，提升金融监管效能，降低从业机构合规成本。探索基于大数据、人工智能等技术的穿透式监管方法，加强跨行业、跨市场交叉性金融产品的监管，提升金融风险甄别、防范与化解能力。健全与监管科技发展相匹配的金融监管体系。深入云计算在研究数据中心“双活”“多活”模式中的应用，建立数据共享激励机制，促进数据互联共享。加强区块链基础技术研究，开展区块链技术在金融领域的应用研究。探索借助人工智能技术，推动金融监管模式创新，推进机器人安全值守应用。

（二）监管实践

中国已有监管部门将监管科技应用在风控、反欺诈、反洗钱及打击内幕交易等各个方面。

中国人民银行反洗钱监测中心正在建设反洗钱监测分析二代系统大数据综合分析平台，着力推动监管数据的统一收集、非结构化数据处理、统计分析、数据集市等领域的应用，初步构建了涵盖反洗钱、银行业务、资本市场、保险业务的监管体系，有效提高了金融监管效能。

中国银监会将分布式架构运用于 EAST 数据仓库，使现场检查方案与大数据相结合建立模型，对银行业机构十余项合规业务进行检查分析。此外，2017 年 10 月 28 日，在首届中国互联网金融论坛上，中国银监会普惠金融部主任李均锋在谈及网络借贷六大监管原则时还公开表示，要充分运用科技的手段来监管金融科技，构造多维度的监管科技体系，包括行业协会授信系统、监管信息系统以及互联网金融信息科技平台的构建，利用大数据对数字普惠金融实现监管[①]。

中国证监会运用大数据分析打击内幕交易。据《21 世纪经济报道》记者从中国证监会了解到的数据[②]，2016 年，全系统受理违法违规有效线索 603 件，启动调查 551 件，启动调查率达 91%，线索分析处理精准度大幅提升；有效线索中，来自沪、深证券交易所的线索占比为 64%，来自派出机构的线索占比为 17%，来自期货交易所、股转系统及会内部门的线索占比为 7%，线索来源大幅拓宽。这意味着，来自沪、深证券交易所的大数据系统线索起到了越来越重要的作用。而在具体案件的调查过程中，大数据也提升到了更为关键的位置，为很多以往存在一定难度的案件，提供了重要的击破点。

北京市金融工作局自 2016 年开始，利用大数据手段建立打击非法集资检测预警平台、企业图谱分析平台，实现对异常交易进行快速识别并迅速做出反应。同时研究、推动区块链技术在金融安全和风险防范方面的作用，将其作为底层技术，逐步形成对互联网金融领域全覆盖的监管长效机制。

根据财新网发布的信息，2017 年 11 月，深圳市首个网络金融监测服务中心“南山区网络金融监测服务系统”正式开始运作，该系统借助大数据等技术手段，监测预警互联网金融行业风险，辅助监管部门决策[③]。

（三）企业探索

2015 年，蚂蚁金服反洗钱中心通过大数据搭建起智能反洗钱体系，以挖掘并发现洗钱交易信息。首先，人工在海量网络数据中清洗出与洗钱有关的数据并建立数据集市。其次，通过分析黑样本以及线下反洗钱经验，由研究人员归纳出各种洗钱相关上位犯罪的可疑特征，建立起数据模型。一旦账户情形和这些数据模型匹配，反洗钱系统会自动预警，认为账户存

① 详细信息可参考中国证券网，http：//news. cnstock. com/news，bwkx – 201710 – 4145328. htm。

② 详细资料可参考《21 世纪经济报道》，http：//epaper. 21jingji. com/html/2017 – 02/28/content_57008. htm。

③ 感兴趣的读者可参考财新网，http：//finance. caixin. com/2017 – 11 – 30/101178539. html。

在可疑交易。最后，由人工做进一步分析，确认可疑后提交给反洗钱部门或是公安机关。其中运用了人工智能和机器学习等前沿科技，代替了传统人工排查，因此大大提高了效率，也减小了误报率。

“国家大数据（贵州）综合试验区”于2016年3月2日揭牌，作为国家首个大数据试验区，将通过构建专属的私有链，解决数据共享监管弱、数据关联风险大等关键问题，实现“数据铁笼”监管，保证监管部门对节点的跟踪和控制。

2017年7月15日，金丘科技与银联商务共同建设的区块链征信项目——厦门“鑫e贷”小额贷款信用信息共享平台正式投入商业运营，厦门金融办作为厦门地区小贷公司的主管机关全程参与，指导平台前期规划、设计与开发，系统上线后厦门金融办作为监管节点接入，穿透监管。作为区块链征信领域的商用平台，目前已经有厦门5家小贷公司作为接入节点参与记账，并开始上传资产数据，后续还有多家小贷公司、银行机构接入。

二、中国监管科技面临的挑战

在过去几年中，监管部门和金融机构对监管科技的实践已初见成效，但至今我国仅有少数专业的监管科技公司或者组织机构。这既有我国监管科技起步较晚的原因，也有我国数据共享机制不健全、法规不明确等缘故。

（一）起步落后

中国直到2016年才兴起监管科技的概念，相比于美国、英国、加拿大等国家起步较为落后。就监管科技公司融资的全球分布来看，自2013年以来，美国监管科技领域融资企业占全球企业总数的74%，英国占9%，加拿大占3%，而中国并未上榜（参见本书第四章图4－2）。可见，中国的监管科技公司在吸引国际风投资金方面远远落后。

（二）数据孤岛

监管科技需要依托于大数据，而政企间、企业间数据不共享，众多大数据平台实则为数据孤岛。即使打破现状，也存在着很多问题。虽然数据整体体量较大，但每个孤岛所拥有的数据没有统一的指标定义，维度也不尽相同，因此无法进行高效分析进而转化为指导合规行为的决策和行动的能力，监管科技的市场价值无法实现。与此同时，虽然数据的价值不言而明，但如何寻找在数据共享与信息安全之间的平衡点，打破数据孤岛的同时，建立数据安全保障机制，更是监管科技面临的挑战。这不仅需要完善的法律环境，明确权责边界，更需要良好的数据开发和使用氛围。

（三）法规不明确

监管科技依据法律法规，服务于监管部门和被监管部门。但法律法规对一些名词并未给出明确定义，这使监管科技的落地无法依托于应用更为广泛、成熟的监督学习算法（机器学习的一类，包括神经网络、支持向量机）。法律法规的不明确为监管科技的逻辑设计及技术实施带来挑战。以第三方跨境支付的监管为例，目前境内第三方支付行为监管较为明确，而对于第三方跨境支付的法律法规并不完善，也无法完全套用现有法规，这使针对第三方跨境支付的合规解决方案无明确完备的法律可依。

（四）解释度不足

监管部门通常要求风险模型清晰简单，以便于理解和验证。而大数据、人工智能提供的模型较为复杂，更加关注相关性，而不是因果性。以此为基础得出的结论较难解释变量之间的影响路径，可能掩盖变量之间的潜在经济逻辑关系。即使出的结果能够较为完美地拟合过去，很好地预测未来，却面临着解释力度不足的问题。

（五）热炒概念扰乱市场

曾经“互联网金融”五个字被热炒，在国内形成了席卷之势，市场上鱼目混珠，违法经营现象频发，投资者信任度大幅降低，尤其在一系列整治措施和监管办法出台后，从事互联网金融服务的机构纷纷“转型”为金融科技公司，打着金融科技旗号的各种理财平台开始大行其道，金融科技这个词在中国有被滥用的趋势。因此，监管科技在我国发展的起步阶段，应尽早警惕概念被热炒，避免扰乱市场秩序。

（六）综合人才储备不足

监管科技是金融、监管、技术的有机融合。从事监管科技开发、运营的人才需要具备复合背景知识，既能够把握金融市场脉搏、熟悉监管政策和方针，还要理解技术逻辑。当前市场上的人才较多是单方面的专业人才，缺乏通晓各个领域的综合人才。综合人才的缺乏使监管科技的发展就似有短板的木桶，无法符合监管科技行业各方的利益诉求，在一定程度上会制约监管科技的发展。

三、中国监管科技的政策建议

为了应对上述监管科技发展面临的挑战，需要加强数据互通，促进监管科技参与主体多方合作，同时鼓励科技创新，重视复合型人才的培养，在完善的法律法规背景下，形成有利于监管科技发展的良好生态。

（一）加强数据互通

监管科技以数据为驱动，以数据聚合、数据处理、建模分析为基础，要发展监管科技，加强数据互通势在必行。首先，打破数据孤岛，加强监管部门之间、监管部门和金融机构之间的数据共享，构建监管部门之间、监管部门和金融机构之间的数据交换机制。监管部门需整合现有大数据平台，以政府购买服务的方式，鼓励市场中优秀的大数据公司加入行业数据共享平台的建设，打造全行业的数据集合。其次，监管部门要制定统一的金融数据统计口径、数据交互标准，加强数据综合利用。只有设置统一的指标定义、统计标准，才能实现监管合规要求的自动化处理。最后，要规范数据共享的流程和相关管理准则。可以将数据划分为普遍共享与按需共享两类。其中，普遍共享的数据通过数据共享平台可直接查看或下载；数据内容敏感、需按特定条件提供的列入按需共享，只有申请通过的数据需求方可以下载使用。同时，在数据传输过程中采用加密手段确保数据传输的安全。

（二）各类参与主体展开合作

监管科技涉及的参与主体包含监管部门、金融机构、监管科技公司、第三方技术及服务提供商等，这些主体都应参与到监管改革中，形成监管部门主导、其他主体共同合作的开发、实践模式。我国监管科技市场尚处于起步阶段，监管部门可以采用服务外包、技术采购的方式，直接从市场中购买软硬件服务。同时考虑到监管工作的长效性，监管部门在甄选合作企业时，应重视其外包服务的后期运营、维护问题。监管部门还可以与金融机构合作，在监管科技产品的开发阶段，行业内的沟通有利于产品设计，也能够提高监管科技产品的针对性。建立起监管部门、金融机构、监管科技公司等之间的良性互动，有助于加快推进监管方式改革。

（三）鼓励科技创新，培养专业人才

与发达国家相比，我国监管科技在原创业务模式开发、核心技术研发等方面仍有相当差距。我国监管科技若想获得长足发展，需要紧紧依托于科技创新，因此鼓励科技创新是发展监管科技的应有之义。监管部门需与科技部门加强合作，共同研发基于人工智能、机器学习、应用程序编程接口（API）的监管工具，提高金融监管效率。加大对新兴技术研究、开发的资金支持，建立创新实验室，推动新技术在监管科技领域的应用。创新成果以人的智力水平为上限，这说明具有金融知识与技术逻辑的复合型监管人才依然重要。可以通过设立监管科技专家智库或者行业组织，实现产学研相结合，保障持续创新能力。

（四）设立行业准入标准，成立行业联盟

监管科技方兴未艾，监管部门作为监管科技的直接参与主体之一，更

应趁早设立行业准入标准，确保监管科技公司满足“自动、实时”等基本要求，同时对监管科技创新企业的底层技术、业务模式等进行实地考察，对审核通过的监管科技公司颁发认证，使金融机构能够甄别监管科技公司资质。同时，还可以成立行业联盟，通过自律的方式，加强行业自身监管，运用示范效应提高行业整体水平。已有的技术公司，通常仅精通一两个技术领域，这对整个监管科技体系而言，还远远不够，因此需成立行业联盟，建立沟通纽带，共享知识与理念，打造监管科技全产业链。

（五）完善法律法规

监管科技中人工智能与机器学习算法等的设计与功能实现都有赖于清晰、完备的法律法规，而现有法律法规关于部分业务的监管规定并不明确，因此要完善法律法规体系，使合规解决方案有法律可依。完善法律法规体系应从以下几个方面入手：一是弥补法律空白。对于依托新技术产生的新金融，如果无法套用已有监管规定，应加快出台全国范围或者省级的监管要求。二是在已有监管规定的基础上，进一步明确监管要求，解决同种业务在不同情况下监管规定不全面的问题。三是法律法规应具有前瞻性，能够考虑到未来业务发展的可能方向，尽量使新兴金融业务监管框架能够嵌入已有法律法规监管体系中，这不仅有利于监管科技的实践应用，更能降低监管政策的不确定性带来的金融风险。

四、全球监管科技发展展望

监管科技已到来，然而现在的监管科技还远不是监管科技的最终形态。监管科技将随着市场的发展和技术的进步不断升级。本节根据监管科技的市场现状和技术现状，对监管科技的未来做出两个方向的展望：一是合规业务外部化；二是算法监管的重要性上升。

（一）合规业务外部化

木桶原理由美国管理学家劳伦斯·彼得提出，其含义是由多块木板构成的木桶，其价值在于木桶的盛水量，但决定木桶盛水量多少的关键因素是其最短的板块。将木桶原理应用到企业管理，也就是说对于任何一家企业，企业的各个部分往往优劣不齐，而劣势部分往往决定整个企业的水平。然而，随着外包服务的发展，木桶原理的适用性正在不断降低。以金融业为例，在过去的几十年间，人力资源和财会业务等非核心业务的外部化已成为金融机构的主要趋势。随着外包服务机构提供的服务质量超过金融机构在相应领域的水平，一些核心业务也逐渐在被外包。比如原本被金融机构视作核心业务的数据收集业务，随着专业的金融数据服务商的出现（比如彭博社、汤森路透社等），金融数据服务商能够为金融机构提供更加标准化的数据，不仅能够降低金融机构的搜索成本，而且能够提高金融机构的工作效率，帮助其将更多的精力放在真正的核心竞争力上面。现阶段，金融机构几乎都会接入专业的金融数据服务商。外包服务为企业发展提供了一种崭新的思路，企业可以将“短板”外包，将更多的精力用于发展企业的“长板”。“短板”将不再限制企业的整体水平，而“长板”将最终决定整个企业的价值，如图 8－1 所示。

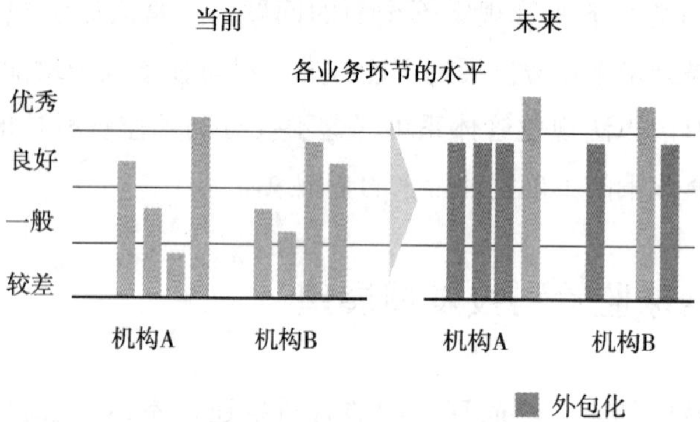

图 8－1　业务外包化①

长期以来，合规能力一直被金融机构视为核心竞争力，金融机构通过建设合规团队、推行合规文化建设等多种措施来提升公司合规能力。随着

① 本节图片皆改自 World Economic Forum，2015，“The Future of Financial Services：How Disruptive Innovations are Reshaping the Way Financial Services are Structured，Provisioned and Consumed”.

监管科技的发展，监管科技公司提供的解决方案会在实践中不断升级。当监管科技提供的解决方案更具成本优势和质量优势，以及市场上监管科技解决方案的成功案例不断增加后，金融机构将会选择将合规业务外包给监管科技公司①。

值得注意的是，随着越来越多的金融机构将合规业务外部化，金融机构的风险数据以及合规情况将会集中在数家监管科技公司，监管路径可能会发生改变，从监管部门直接监管金融机构转变到监管部门通过监管科技公司间接监管金融机构②，如图8－2所示。新型监管路径有以下两个方面的优势。一方面，监管部门能够降低监管成本，原本监管部门需要同时监管成千上万个金融机构（监管成本高的原因之一），而在金融机构普遍外包化的情况下，监管部门只需要对提供合规外包服务的监管科技公司进行监管，判断其业务合理性，就能够有效地达到监管效果。另一方面，监管信息传递效率大幅上升。原先监管部门出台一项监管文件，不同金融机构都会对其进行解读，由于金融机构数量众多，合规能力存在差异，对监管文件的理解方向和理解程度不尽相同，难免存在误解的情况。若是金融机构普遍由监管科技公司提供合规服务，基于规模效应，监管科技公司有实力查找、咨询、总结多方专家观点和官方意见，从而得到权威的解读，并将监管文件的变更内容直接体现到监管科技解决方案中，帮助金融机构做出更快的响应。

图8－2　合规业务外包导致监管路径变更

① 在外包过程中还需要注意以下两点：一是要明确界定金融机构和监管科技企业之间的责任和义务；二是要确保监管部门同意金融机构的合规业务外包。

② 大型金融机构基于成本考虑，可能会通过收购兼并等方式将监管科技内部化。

合规业务外包化虽然能带来诸多益处，但是对其中的风险也仍需谨慎。因为众多金融机构的业务和监管科技公司的业务相关，所以如果监管科技公司出现风险或者倒闭，可能会引发系统性风险。

（二）算法监管的重要性上升

在大数据背景下，传统监管手段面临局限性。金融交易日益频繁，大量金融数据实时产生，交易的复杂度和隐蔽性越来越高，传统监管手段会力不从心。人工智能可以快速处理大量数据，通过机器学习挖掘数据潜在联系，更新知识库，将成为大数据条件下金融监管的有效手段。越来越多的监管活动将会由人工智能算法完成，算法监管的重要性将会上升①。

基于人工智能的算法监管能覆盖整个监管流程：（1）预警。预警是人工智能金融监管应用的第一个环节。当人工智能发现某金融机构出现风险征兆的时候，就会自动向该机构和监管部门发出预警信号，提醒采取措施。这个过程类似于持续的压力测试，持续计算金融机构的系统价值、风险场景、风险计价等。现阶段人工智能在预警方面已有初步应用，比如工业和信息化部针对互联网金融建设的自动检查预警技术，可以同时跟踪和分析1000多个互联网金融网站。（2）停止业务和处罚。当金融机构超过红线的时候，人工智能能及时、自动地锁住金融机构部分业务，如贷款、同业借出、发行理财产品等，有效防止风险扩散；自动在一定范围内公告某机构的风险状况；自动执行监管当局的处罚决定；自动从未分配利润中扣取罚金；自动公布终止机构高管的任职资格等。（3）观察整改状况。在停止部分业务和采取处罚措施以后，人工智能会观察该机构整改的进展，及时与相关监管指标对比，计算风险化解的进度和潜在可能性，计算风险改善状况。（4）解除。当上述机构通过整改达到监管指标以后，或处罚实施到位以后，人工智能就自动解除处罚，恢复相关业务。以上监管流程都是连贯的过程，由人工智能自动操作和实施，这样就能将整个金融监管工作在时间序列上不断地连续下去。

---

① 正如本书在第三章分析的一样，本书并不认可监管科技可以取代人类，但是本书也觉得监管科技的重要性是不可否认的，尤其是人工智能技术，将会在监管领域得到广泛的应用。

后　记

本书从筹划、编写到出版历时大半年时间。其间，我国的监管科技快速兴起。2017 年 5 月，中国人民银行成立了金融科技委员会，指出要强化监管科技的应用实践。紧接着，中国人民银行又在 2017 年 6 月印发的《中国金融业信息技术“十三五”发展规划》中，再次提及监管科技，并将监管科技作为“十三五”时期重点任务进行全力推进。除了中国人民银行高度关注监管科技外，越来越多的地方政府和金融机构也开始搭建基于人工智能和大数据技术的监测平台，来提升监管和合规能力。

监管科技的兴起和发展也恰恰验证了本书的出版恰合时宜。本书全面剖析了监管科技的兴起动因、发展逻辑和应用领域，并从全球监管科技的发展现状出发，为中国发展监管科技指出明确路径，希望能为从业者启迪思路，为投资者普及知识，为监管部门提供建议。

本书的成功问世是多方共同努力的结果。首先，感谢北京金信网银金融信息服务有限公司和梆梆金服（北京）科技有限公司，两家公司参与了本书第五章和第六章的写作，并从公司的实践出发为本书提供了案例支撑。其次，张国东、姚崇慧、赵伟和伍文颀等对本书的内容给出了非常中肯的建议，我们在后期的修改过程中充分参考和吸收了他们的建议。最后，特别感谢中国金融出版社的刘钊主任，他在本书的出版过程中，对本书提出了宝贵的意见，并进行了一丝不苟的编辑工作。

受研究能力和实践经验的局限，本书难免存在疏漏及不足之处，敬请读者批评指正，我们将认真总结，不断改进。